Desarrollo de las Destrezas Motoras

Dados Internacionais de Catalogação na Publicação (CIP)
(Câmara Brasileira do Livro, SP, Brasil)

Smith, Jodene Lynn
　　Desarrollo de las destrezas motoras : juegos de psicomotricidad de 18 meses a 5 años / Jodene Lynn Smith ; traducción Pablo Manzano Bernárdez. -- São Paulo : Cortez ; Madri : Narcea, 2016.

Título original: Activities for gross motor skill development

ISBN 978-85-249-2476-7 (Cortez)
ISBN 978-84-277-1752-7 (Narcea)

　　1. Aptidão física para crianças 2. Exercícios para crianças 3. Habilidade motora em crianças 4. Jogos educativos I. Título.

16-06365　　　　　　　　　　　　　　　　　　　　　　　　CDD-612.7

Índices para catálogo sistemático:

1. Habilidade motora em crianças : Fisiologia humana : Ciências médicas　　　　　　612.7

Desarrollo de las Destrezas Motoras

JUEGOS DE PSICOMOTRICIDAD DE 18 MESES A 5 AÑOS

Jodene Lynn Smith

 **narcea**

Direitos de impressão no Brasil — Cortez Editora

Rua Monte Alegre, 1074 – Perdizes
05014-001 – São Paulo – SP
Tels.: (55 11) 3864-0111 / 3611-9616
cortez@cortezeditora.com.br
www.cortezeditora.com.br

Nenhuma parte desta obra pode ser reproduzida ou duplicada sem autorização expressa da autora e do editor.

© NARCEA, S. A. DE EDICIONES, 2011
Paseo Imperial, 53-55 28005 Madrid (España)

www.narceaediciones.es

© Teacher Created Resources, Inc. U.S.A.
Título original: *Activities for Gross Motor Skill Development*

Traducción: Pablo Manzano Bernárdez
Dibujo de la cubierta: Roser Bosch

Edição original
ISBN: 978-84-277-1752-7 (Narcea)

Impresso no Brasil — agosto de 2016

Índice

INTRODUCCIÓN 9

    Conciencia del propio cuerpo 10

    Planificación motora 12

    Integración bilateral y cruce de la línea media 13

    Conciencia táctil 16

    El desarrollo en la primera infancia 19

    Registros de Comprobación de las Destrezas Motoras 21

        De 18 a 24 meses 21
        De 24 a 36 meses 22
        De 36 a 48 meses 23
        De 48 a 60 meses 24

    Consejos útiles para el desarrollo de las Destrezas Motoras 25

1. CONCIENCIA ESPACIAL Y CORPORAL

    Introducción 27

    MOVIMIENTO CREATIVO 28

    Formas geométricas/Letras con el cuerpo/Actividades de rodar/¡Imagina que...!/Muévete así/Actividades con serpentinas/Movimientos básicos con la serpentina/Acompañamiento con serpentinas/Cuentos con serpentinas/Parte con parte/Expreso mis sentimientos/Encima y debajo/Estrellas en el cielo/Estrellas en el cielo II/Juego de "Simón dice"/Tablero de colores/Actividades de gatear/Actividades de arrastrarse/Actividades estando sentados/Actividades estando arrodillados/Actividades estando de pie/Actividades en monopatín

2. DESTREZAS LOCOMOTORAS

Introducción 53

DESPLAZAMIENTO 54
Andares opuestos/Juegos de correr/Imitación de animales/Anda así/Un paseo sobre el periódico/Las partes del cuerpo/Paseos/Mamá (o Papá), ¿puedo?

SALTOS 65
El salto del periódico/El salto de la línea/Salto en la pista de obstáculos/Pista de obstáculos de tres saltos/Saltos a la pata coja, alternando los pies/¡Salta a la pata coja, da un paso y salta y da un salto!/Paso y salto/A tocar bolsas de bolitas

DESTREZAS CONBINADAS DE LOCOMOCIÓN 72
Desde aquí hasta allí

3. DESTREZAS MANIPULATIVAS

Introducción 77

LANZAR Y ATRAPAR 78
Lanza el pañuelo/Malabarismos/Agarrar/Tejer una red/¡El estrellato!/El balón de las palabras/El *ping-pong* de las latas/Échala a rodar y párala/Lánzala y atrápala al vuelo/Manejo de las bolsas de bolitas/Pila de latas/Tiro al bote/Tiro al blanco

RODAR 92
Que ruede la pelota/La bolera/Rodando por el ruedo/Fútbol con pelotas de papel de periódico

MANOTAZOS Y BATEOS 95
Globo al aire/Voleibol con globos/Batea sobre el cono/"Conobol"/Piñatas

4. EQUIPAMIENTO PARA JUGAR AL AIRE LIBRE

Introducción. Consideraciones generales de seguridad 101

EQUIPAMIENTOS AL AIRE LIBRE 103

Descripción y Actividades: Estructuras para trepar/Toboganes/Columpios/Neumáticos convertidos en columpios/Túneles/Balancines/Juguetes para montar/Paracaídas/Conejitos saltarines/Balones que botan

HULA HOOP... 117

Actividades con *Hula Hoop*/Rodar el *Hula Hoop*/El salto de Hula/¿Hasta dónde llegas con el *Hula Hoop*?/Equipos de *Hoop*

5. MESAS SENSORIALES

Introducción.. 123

ARENA... 124

Arena/Juguetes para la arena/Vertido con embudo

AGUA 127

¡A divertirse con el agua!/Juguetes para el agua/Pompas con el batidor de huevos/La manopla de las pompas mágicas/Medir líquidos/Agua de colores

MESAS SENSORIALES: TACTO, GUSTO, OLFATO 132

Recetas/Buscar objetos/Frotar con loción/Pintar con los dedos/Pintura limpia/¿Qué hay dentro?/Bandeja de muestra/Mesa aromática

6. JUEGO CREATIVO

Introducción. Tipos de juegos 139

ACTIVIDADES DE PINTURA 141

Pintar con agua/Pintura con ramas de árbol/Arte con hilo/Pintura con canicas o bolitas

ACTIVIDADES VERTICALES.. 145

Juegos verticales/Dibujar en vertical y a dos manos

JUEGOS VARIOS 146

Paseo con cuchara/Relevos con cuchara/Pantomima/Pista de canicas/¡Nos vamos de pesca!/Calcetines que saben borrar/Juego dramático/Cajas temáticas

Música 155
"El efecto Mozart para niños"/Instrumentos musicales/Como hacer: palos de ritmo, agitadores, panderetas, maracas, tambores y flautas

7. JUEGOS CON OBSTÁCULOS Y RELEVOS

Introducción 159

Obstáculos 160
Carrera de obstáculos/Crea tu propia pista de obstáculos/Pista de obstáculos para pelotas/Carrera de obstáculos de la amistad/Obstáculos temáticos

Relevos 167
Relevos con globos y palillos chinos/Relevos de orugas/Relevos con patatas/Relevos con maleta/El relevo del tren/Ventisca/¡Choca esos cinco!

Introducción

La expresión "abejas laboriosas" es muy adecuada para describir a los niños pequeños. Se mueven casi continuamente. Es emocionante observar su interés por explorar y aprender cosas nuevas. Sin embargo, cuando van siendo mayores, no ocurre igual. Nosotros, como educadores, debemos prestar atención a este hecho.

Con la desaparición de muchos especialistas en educación física, la enseñanza y la supervisión de las destrezas motoras del niño quedan confiadas a la maestra o el maestro de educación general. Este libro está pensado para ayudar a la maestra o maestro en este menester. La finalidad del libro consiste en presentar formas prácticas y sencillas para que los maestros puedan ayudar a sus alumnos a desarrollar la motricidad gruesa, al tiempo que incrementan su nivel de actividad.

En esta introducción se ofrece a los educadores información básica sobre: la *planificación motora*, la *conciencia corporal*, la *integración bilateral* y la *conciencia táctil*. La comprensión de los aspectos básicos de cada una de estas áreas les ayudará a supervisar y enseñar destrezas motoras a sus alumnos. Incluimos información sobre cada área, sobre las características de los niños y niñas que presentan dificultades y muchas ideas para ayudarles eficazmente. Por último, al final de esta introducción, incluímos Registros de Comprobación, sobre el desarrollo de la motricidad gruesa de niñas y niños desde los 18 meses (1 año y medio) hasta los 60 meses (5 años).

El libro está dividido en siete capítulos. El primero "*Conciencia espacial y corporal*" contiene actividades que ayudan a que los alumnos comprendan las posibilidades de movimiento de su propio cuerpo. Mediante breves lecturas y actividades de movimiento creativo, como por ejemplo el uso de serpentinas, los alumnos adquieren una mejor comprensión de su propio espacio personal y del espacio que les rodea.

En el segundo capítulo "*Destrezas locomotoras*", se incluyen actividades dedicadas a andar, correr, saltar, etc. El desarrollo de estas destrezas es crucial para ayudar a los niños a desenvolverse bien en otras experiencias de movimiento. El capítulo tercero, "*Destrezas manipulativas*", ofrece ideas para aprender a lanzar, coger y jugar con la pelota.

Si la escuela dispone de equipamientos, el capítulo cuarto, *"Equipamiento para jugar al aire libre"*, interesará especialmente. Presentamos actividades e ideas en relación con los principales equipos con los que cuentan la mayoría de los centros, como: equipamiento para el patio de recreo, *hula hoops,* combas, paracaídas, etc.

Una parte esencial para desarrollar la psicomotricidad de los niños pequeños consiste en facilitarles actividades que requieran la utilización de todos sus sentidos. Hemos dedicado todo un capítulo del libro, el quinto, a las *"Mesas sensoriales"*. Damos ideas acerca de distintos tipos de mesas sensoriales, así como de formas de adaptar y modificar las mesas sensoriales para mantener el interés de los alumnos.

El capítulo sexto titulado *"Juego creativo"* contiene distintas formas de estimular el juego mediante la pintura, la recogida de materiales, la música, el juego y otras muchas más actividades.

Por último, el capítulo *"Juegos, con obstáculos y relevos"*, contiene juegos, carreras de obstáculos e ideas que exigen que los alumnos y las alumnas pongan en práctica muchas destrezas de motricidad gruesa para participar en ellas.

En cada capítulo, la descripción e ilustración breve de la actividad ayudan a la maestra a comprobar con facilidad si dispone de los medios necesarios para llevarla a cabo. Con frecuencia, puede modificarse ligeramente una regla del juego o el formato en el que tenga lugar una actividad para utilizar otros elementos que están disponibles en la escuela.

Los maestros y maestras disfrutarán con la variedad de actividades que encontrarán en este libro. Sobre todo, se sentirán más seguros a la hora de facilitar unas actividades que ayuden a sus alumnos a desarrollar sus destrezas motoras, así como a ser más activos.

CONCIENCIA DEL PROPIO CUERPO

La *conciencia del propio cuerpo* significa la capacidad del niño para saber el lugar que su cuerpo ocupa en el espacio. Algunas actividades como abrir tapas de tarros sin mirarse las manos, estimar cuánto hay que inclinar la cabeza al meterse debajo de una mesa baja, o aprender a sentarse sin mirar constantemente la silla requieren tener un buen sentido del lugar que ocupa el cuerpo en el espacio.

---

* A lo largo del libro se utilizan indistintamente las palabras: alumna_alumno, niño_niña para referirse al alumnado. Del mismo modo se utilizan también indistintamente: maestra_maestro, o educador_educadora, para referirse al profesorado.

Los niños que tienen una conciencia corporal poco desarrollada parecen toscos, andan arrastrando los pies por el suelo, tienen dificultad para trepar y suelen chocar constantemente con sus compañeros.

Las actividades de cargar, levantar, empujar, tirar de cosas y llevarlas de un sitio a otro ayudan al cerebro a saber dónde está situado el propio cuerpo en el espacio.

Sugerimos *algunas ideas* para ayudar a los alumnos que tengan dificultades con la conciencia corporal:

- Trasladar una pila de libros.
- Dar saltos de rana.
- Hacer actividades de salto.
- Hacer flexiones y levantarse.
- Jugar en una estructura de barras para trepar y bajar. Empezar con equipos de baja altura y pasar después a otros más altos.
- Jugar en escaleras horizontales.
- Jugar a tira y afloja.
- Empujar con los pies o las manos las paredes, como si se intentara desplazarlas.
- Balancearse en el columpio poniendo sobre éste la barriga, en vez de sentarse en él.
- Actividades de lanzamiento y recogida de saquetes rellenos.
- Utilizar balancines.

Cuando un alumno tiene dificultades de conciencia corporal puede presentar una o más de las siguientes características o conductas:

- Parece torpe.
- Parece desorganizado o le cuesta organizar sus pertenencias.
- Se cae de la silla.
- Rompe cosas con frecuencia.
- Tiene dificultades para moverse sin mirarse los brazos y las piernas.
- Tiene dificultades para ponerse su ropa o la mochila.
- Manifiesta dificultades para mantenerse en fila.

- Tiene poco desarrollada la motricidad fina.
- Es incapaz de trepar por los equipamientos del patio de recreo.
- Sujeta el lápiz con poca o demasiada fuerza.
- Rompe el papel al borrar.
- Arrastra los pies al andar.

PLANIFICACIÓN MOTORA

La *planificación motora* se refiere a la capacidad de una alumna o alumno de imaginarse cómo realizar una nueva tarea motora. Algunas de nuestras acciones motoras son rutinarias, como, por ejemplo, llevarse la cuchara a la boca para comer. Si nos pidieran que llevaramos una cuchara hacia la rodilla o la elevaramos hasta una oreja, tendríamos que pensar en qué movimiento hacer o planificar la acción motora. A esto nos referimos al hablar de "planificación motora".

Antes de cualquier movimiento, el cerebro tiene que organizar toda la información, de manera que el cuerpo se mueva en la dirección necesaria, a la velocidad precisa, con la fuerza necesaria y en el momento adecuado. La capacidad de planificación motora depende tanto de destrezas mentales como del desarrollo sensoriomotor.

He aquí algunas *sugerencias* para ayudar a las alumnas y alumnos que tengan dificultades para la planificación motora:

- Dividir las tareas en pasos menores.
- Hacer muchas actividades de rodar, saltar y con la pelota.
- Dar una sola instrucción cada vez.
- Guiarles durante la acción motora.
- Disponer de una hoja de comprobación para cada niño, con el fin de que verifique cada paso a medida que realiza la tarea.
- Hacer que los alumnos repitan oralmente las instrucciones.
- Practicar juegos de movimiento y ritmo.
- Reducir al mínimo las instrucciones verbales.
- Minimizar las distracciones orales y auditivas en el aula.

- Practicar juegos de imitación.
- Utilizar pistas visuales.

Cuando una alumna tiene *dificultades con la planificación motora* puede presentar las siguientes características o conductas:

- Parece torpe.
- Parece desordenado o desordenada.
- Sujeta con torpeza el lapicero o el lápiz de cera.
- Tiene dificultades para correr, saltar y bailar.
- Manifiesta dificultades para terminar a tiempo una tarea.
- Imita las acciones de otros niños, en vez de imaginarse por su cuenta los movimientos.
- Es incapaz de seguir instrucciones cuando se le dirige para que lleve a cabo una tarea inusual.
- Desconoce la forma de secuenciar las acciones motoras que requiere una nueva destreza.
- Se resiste, molesta o rechaza al hacer una actividad.
- Tarda mucho en aprender una nueva destreza.
- Observa a los demás, para poder hacerse una idea de cómo llevar a cabo una acción motora.
- No intenta realizar acciones motoras nuevas.

INTEGRACIÓN BILATERAL Y CRUCE DE LA LÍNEA MEDIA

La *integración bilateral* se refiere a la habilidad del alumno para utilizar ambos lados de su cuerpo durante una actividad. A veces, nuestras manos hacen el mismo movimiento. Al colorear o al escribir, una mano hace el movimiento mientras la otra sostiene el papel.

Cruzar la línea media es la habilidad del alumno para atravesar la línea media del cuerpo (la "línea media" es una línea imaginaria que atraviesa el cuerpo, dividiéndolo por la mitad, desde la cabeza hasta los pies). El alumno cruza la línea media cuando la traspasa con la mano o la pierna derecha y llega al lado izquierdo del cuerpo. El cruce de la línea media supone mover un brazo o una pierna, no el cuerpo, y girarse hacia un lado.

Las actividades que exigen el uso de ambas manos, ambos pies o el cruce de la línea media ayudan a desarrollar las vías neuronales del cerebro para leer, escribir y poner en funcionamiento la actividad aritmética. La coordinación de ambos lados del cuerpo es necesaria para el desarrollo de muchas destrezas motoras gruesas y finas.

A continuación, presentamos algunas *sugerencias* para ayudar a los alumnos que tengan dificultades de integración bilateral o de cruce de la línea media. Más adelante se ofrecen otro tipo de actividades.

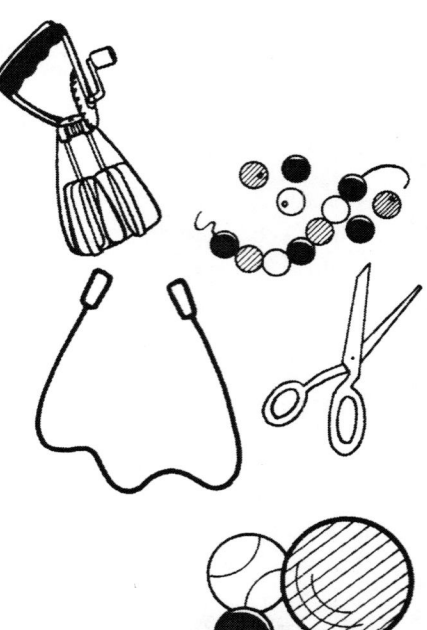

- Trasladar objetos pesados utilizando las dos manos.
- Dar saltos con palmada.
- Hacer actividades con un bol para mezclas: revolver, verter y medir.
- Saltar a la comba.
- Jugar a baloncesto.
- Practicar juegos de palmadas y utilizar palillos de percusión.
- Tocar instrumentos musicales.
- Practicar recortando cosas.
- Practicar el salto con los pies separados cayendo con los pies separados.
- Practicar la apertura de fiambreras y recipientes de comida.
- Montar en bicicleta.
- Estirar masa de arcilla.
- Cortar con la tijera siguiendo una línea.
- Afilar lápices con un afilalápices manual.
- Brincar.
- Ensartar cuentas.
- Nadar.
- Rasgar papel.
- Atar los cordones de los zapatos o cuerdas de paquetes.
- Manejar una batidora manual de huevos.
- Dar cuerda a los juguetes que se mueven con cuerda.
- Utilizar cuentas insertables o bloques que se encajen unos en otros.

Cuando un alumno que tiene *dificultades de integración bilateral* o de cruce de la línea media puede presentar una o más de las siguientes conductas o características:

- Gira el cuerpo para evitar cruzar la línea media.
- Al escribir o colorear, mueve todo el cuerpo cuando cruza el papel, en vez de limitarse a mover el brazo.
- No sostiene el papel con una mano mientras utiliza la otra para escribir.
- Cambia de mano durante la ejecución de una tarea motora fina. Utiliza la mano derecha para alcanzar y colocar objetos en el lado derecho del cuerpo y la izquierda para alcanzar y colocar objetos en su lado izquierdo.
- Cambia de mano para escribir o colorear cuando llega a la línea media del cuerpo; escribe con la mano izquierda en el lado izquierdo del papel y cambia a la mano derecha en la línea media.

Los juegos con los dedos que exigen que el alumno o la alumna utilice ambas manos son un medio excelente para desarrollar la integración bilateral y facilitar la práctica del cruce de la línea media.

Prueba a utilizar cada una de las siguientes *actividades* que ayudan a desarrollar la integración bilateral y haz que los alumnos crucen la línea media.

Presenta cada actividad haciendo una demostración de la misma a velocidad normal. Después, haz que ellos la lleven a cabo. Háblales durante la actividad, reduciendo la velocidad a la que se realice. Es mejor que los niños hagan bien unas pocas repeticiones que muchas rápidamente y de forma descuidada. Puedes optar por hacer que cada uno practique con una parte del cuerpo antes de tratar de alternarlas. En cuanto se hayan hecho una idea de la actividad, repiten cada movimiento en sucesión, alternando de derecha a izquierda.

Cuando estén preparados, haz que realicen una secuencia de cinco o diez. Cuando realicen bien cada movimiento, aumenta el número de secuencias.

- Sostén una serpentina en la mano derecha. Haz grandes círculos frente al cuerpo. Después, haz los círculos sosteniendo la serpentina con la mano izquierda.
- Empieza un movimiento de galope con el pie derecho. Después, empiézalo con el pie izquierdo.
- Levanta hacia adelante el pie derecho de manera que puedas tocarlo con la mano izquierda. Vuelve a poner el pie en el suelo. Repite el movimiento con el pie izquierdo y la mano derecha.
- Lleva la mano izquierda por detrás del cuerpo hasta tocar el pie derecho. Vuelve a poner el pie en el suelo. Repite el movimiento con el pie izquierdo y la mano derecha.
- Ponte de pie. Dóblate hacia adelante y toca el pie derecho con la mano izquierda. Repite el movimiento con el pie izquierdo y la mano derecha.
- Con la mano derecha, lanza al aire una bufanda o saquito y atrápalo con la mano izquierda.
- Toca la rodilla derecha con el codo izquierdo. Vuelve a poner el pie en el suelo. Repite el movimiento con la rodilla izquierda y el codo derecho.

CONCIENCIA TÁCTIL

La *conciencia táctil* se refiere al sentido del tacto del alumno o alumna. La piel es la mayor área sensorial de nuestro cuerpo. Las palmas de las manos y las plantas de los pies son las más sensibles. Estamos utilizando constantemente nuestro sentido del tacto para todo lo que hacemos. Los receptores táctiles están situados bajo la piel de todo el cuerpo. Los receptores de nuestras manos nos ayudan a saber si un objeto es blando, duro, caliente, frío, desigual, liso, etc. Los receptores táctiles también nos permiten saber cuándo el viento sopla sobre nuestros brazos o piernas. Los receptores táctiles de nuestra boca nos permiten saber si tenemos comida en su interior.

Los alumnos que sean claramente sensibles al tacto se mostrarán reacios a tocar muchos materiales, como arcilla, cola, pintura de dedos u otros objetos que manchen, y pueden ser también muy selectivos con respecto a los alimentos y texturas que coman.

A continuación, presentamos algunas *sugerencias* para ayudar a los alumnos que tengan dificultades de conciencia táctil:

- Evita acercarte al alumno desde atrás; deja siempre que vea que te acercas.
- Evita el contacto imprevisto con el alumno o la alumna.
- No obligues a la persona a que participe en actividades táctiles; es mejor animarla a que lo haga.
- Estimula la participación gradual en experiencias con materiales que ensucien, aunque solo sean momentáneas.
- Fomenta el lavarse las manos.
- Estimulales a que empujen objetos pesados y tiren de ellos.
- Haz que se coloque en el primer o en el último lugar de la fila, de manera que otros niños se rocen con él.
- Déjale o déjala que inicie el contacto.
- Deja que tenga su propio espacio personal cuando se sienta en el suelo, por ejemplo un cuadrado de alfombra.

- Haz que frote con diversas texturas sus brazos y piernas.
- Ofrécele diversos objetos manipulables.
- Facilítale diversas experiencias sensoriales, como la mesa de abalorios, la mesa de agua o la mesa de arena.
- Facilítale un refugio cuando hay exceso de sensaciones (por ejemplo: un rincón tranquilo).
- Cuando toques los brazos, las piernas o la espalda del niño, hazlo con firmeza y no mediante un contacto leve.

Una buena conciencia del sentido del tacto es un punto de partida excelente para centrarse en actividades de control motor. Las actividades que siguen, en esta página y en la siguiente, desarrollan la conciencia cenestésica de los niños y niñas y refinan su sentido del tacto.

A la caza de la textura

Repasa las distintas sensaciones que puede dar el contacto con los objetos (desigual, lisa, áspera, blanda, dura). Haz que los alumnos deambulen por el aula tocando diversos objetos. Pídeles que busquen un objeto por cada una de las sensaciones mencionadas.

Facilitales diversas texturas para que las toquen. Se pueden incluir objetos como papel de lija, papel encerado, plástico de burbujas para embalar, una piedra, pastel, aceite, etc.

Buscar el botón

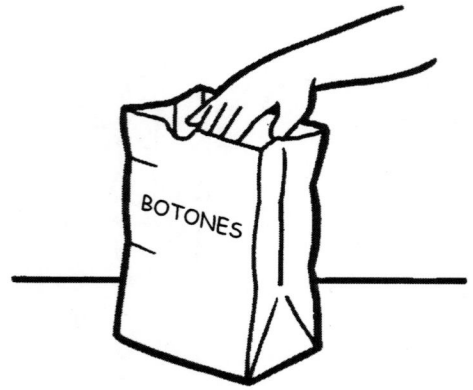

Reúne distintos botones y ponlos en una bolsa o caja a través de la cual no pueda verse nada. Haz que cada alumna o alumno cierre los ojos y seleccione dos botones, sacándolos de la bolsa y poniendo uno en cada mano. Pídele que describa la forma del botón, utilizando solo el sentido del tacto. ¿Puede decir qué botón es más grande únicamente por el tacto?

Buscar los trocitos de plátano

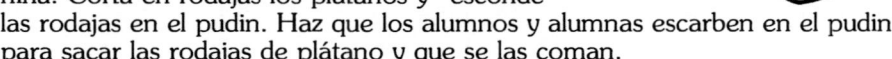

Prepara una caja de pudin siguiendo las instrucciones que figuren en el envase. Reparte una porción de pudin en una taza para cada niña. Corta en rodajas los plátanos y "esconde" las rodajas en el pudin. Haz que los alumnos y alumnas escarben en el pudin para sacar las rodajas de plátano y que se las coman.

Comienza, permitiendo que tengan los ojos abiertos. Después, haz que los cierren y encuentren las rodajas de plátano sin mirar.

Escribir una carta

Reúnelos por parejas. Haz que cada niña o niño escriba en la espalda de su pareja utilizando el dedo índice. El que actúe puede dibujar formas o escribir letras, números o palabras en la espalda del compañero o compañera. Pide al niño o niña sobre cuya espalda estén escribiendo que se imagine lo que han escrito. Después, haz que los niños inviertan sus posiciones y empiecen de nuevo.

EL DESARROLLO EN LA PRIMERA INFANCIA

Los Registros de Comprobación que incluímos al final de esta Introducción, mencionan destrezas de motricidad gruesa para niñas y niños desde los dieciocho meses hasta los cinco años de edad. Las destrezas se incluyen agrupadas para varios meses a la vez. La idea es que las listas se utilicen como una orientación y no como un programa cerrado y completo. Esta información ayudará a prever las etapas del desarrollo infantil normal en el área de las destrezas motoras gruesas.

Cada niña o niño adquirirá estas destrezas a su propio ritmo. Unos las desarrollan más rápidamente en una área y más lentamente en otra.

Conviene abrir una carpeta para cada niño en la que conserves el registro de comprobación, y otros datos en relación con su desarrollo.

© narcea, s.a. de ediciones

La etapa de 18 a 36 meses es un período emocionante del desarrollo de los niños y niñas. Examinan su entorno con los cinco sentidos. Se sienten a sí mismos como el centro del universo y el mundo gira a su alrededor.

Cuando los niños se acercan a los dos años, la experiencia no tiene que convertirse en una situación de terror y caos incontrolables. En esta etapa, los niños empiezan a examinar hasta dónde pueden controlar su universo y van captando cuáles son los límites. Las palabras "no" y "sí" adquieren una fuerza enorme y les permiten adueñarse de sus propios límites.

Con la delicada orientación de padres y maestros, los niños pueden establecer límites de control compatibles con las necesidades de los demás así como con las suyas propias.

Con frecuencia, el aprendizaje se produce cuando una actividad puede repetirse una y otra vez. Por ejemplo, le encanta tirar cosas, recogerlas y volver a hacerlo de nuevo repetidamente. Esta sencilla actividad es un reto y el niño trata de superarlo. Cada logro es un triunfo.

Los niños de tres a cinco años se hacen más autónomos. A medida que perfeccionan sus destrezas motoras, son capaces de satisfacer muchas necesidades con poca ayuda de las personas adultas. Vestirse, desnudarse, utilizar el cuarto de baño y comer son algunas de las actividades que pueden hacer con independencia de los adultos.

Estos niños pasan la mayor parte del tiempo jugando. El juego es muy importante para su desarrollo, constituye una oportunidad excelente para el desarrollo del lenguaje. Disfrutan jugando en grupos, participando en el juego dramático y desplegando su imaginación.

A continuación se incluyen unos Registros de Comprobación de las destrezas de motricidad gruesa. Por supuesto, se trata solo de orientaciones. Cada niña o niño tiene su ritmo individual y no deben hacerse comparaciones. Las comparaciones solo son útiles cuando las habilidades de un niño son extremadamente diferentes de las de otros de la misma edad. Conviene entonces investigar sobre la causa de tales variaciones, aunque lo más probable es que las variaciones estén dentro de los límites normales.

REGISTRO DE COMPROBACIÓN DE LAS DESTREZAS MOTORAS

Niños y niñas: de 18 a 24 meses

Niña o niño: _____ **Fecha:** _____

Marcar todas las destrezas de motricidad gruesa que domina.

- ❏ Transporta un juguete grande mientras camina
- ❏ Corre manteniéndose erguida o erguido
- ❏ Se sienta en una silla pequeña desde la postura de pie, apoyándose en ella o deslizándose de lado
- ❏ Anda hacia atrás
- ❏ Sube las escaleras dándole la mano a un adulto (poniendo los dos pies en cada escalón)
- ❏ Se mantiene momentáneamente sobre un solo pie con ayuda

REGISTRO DE COMPROBACIÓN DE LAS DESTREZAS MOTORAS

NIÑOS Y NIÑAS: DE 24 A 36 MESES

Niña o niño: _____ **Fecha:** _____

Marcar todas las destrezas de motricidad gruesa que domina.

- ❏ Se columpia en un balancín momentáneamente con ambos pies
- ❏ Sujeta una pelota grande con los brazos y el cuerpo
- ❏ Trepa por una estructura compleja y por escaleras de mano
- ❏ Salta hacia atrás
- ❏ Salta hacia adelante entre 15 y 46 cm.
- ❏ Salta desde el último escalón al suelo
- ❏ Salta sobre un objeto pequeño
- ❏ Sube y baja por un pequeño tobogán sin ayuda
- ❏ Pedalea en un triciclo (entre 1,5 y 3 m.)
- ❏ Corre en una distancia de unos 3 m., evitando obstáculos
- ❏ Se mantiene sobre un solo pie entre uno y cinco segundos sin ayuda
- ❏ Se mantiene sobre un solo pie momentáneamente sin ayuda
- ❏ Se mantiene de puntillas durante varios segundos
- ❏ Lanza una pelota con una distancia de entre 1,5 y 2,1 m.
- ❏ Anda hacia atrás unos 3 m.
- ❏ Baja las escaleras alternando los pies, apoyándose en la barandilla
- ❏ Baja las escaleras, apoyándose en la barandilla, poniendo los dos pies en cada escalón
- ❏ Sube las escaleras alternando los pies, apoyándose en la barandilla
- ❏ Sube las escaleras, apoyándose en la barandilla, poniendo los dos pies en cada escalón

REGISTRO DE COMPROBACIÓN DE LAS DESTREZAS MOTORAS

Niños y niñas: de 36 a 48 meses

Niña o niño: _____ **Fecha:** _____

Marcar todas las destrezas de motricidad gruesa que domina.

- ❑ Evita los obstáculos que encuentra en su camino mientras corre
- ❑ Salta sin dificultad sobre una cuerda u objeto situado a 5 cm. de altura
- ❑ Galopa hacia adelante unos 3 m.
- ❑ Salta sobre un pie una vez
- ❑ Salta hacia adelante una distancia de 25 cm.
- ❑ Chuta una pelota grande que está rodando
- ❑ Chuta una pelota parada
- ❑ Empuja y tira de un carro
- ❑ Monta en triciclo sin ayuda girando en las esquinas
- ❑ Corre de puntillas
- ❑ Lanza una pelota en el patio, sin levantar el brazo, a un adulto
- ❑ Anda de puntillas unos 3 m.
- ❑ Sube las escaleras, alternando los pies, sin apoyarse en la barandilla

© narcea, s.a. de ediciones

REGISTRO DE COMPROBACIÓN DE LAS DESTREZAS MOTORAS

NIÑOS Y NIÑAS: DE 48 A 60 MESES

Niña o niño: _____ **Fecha:** _____

Marcar todas las destrezas de motricidad gruesa que domina.

- ❏ Trata de dar una voltereta
- ❏ Bota la pelota dos veces y luego la atrapa
- ❏ Sujeta la pelota con ambas manos
- ❏ Da volteretas hacia adelante sin ayuda
- ❏ Salta sobre el pie preferido a una distancia de unos 60 cm.
- ❏ Salta hacia adelante 10 veces sin caerse
- ❏ Salta entre 20 y 25 cm.
- ❏ Monta en bicicleta con ruedas auxiliares
- ❏ Corre alrededor de objetos o esquinas sin caerse
- ❏ Brinca entre 5 y 10 segundos
- ❏ Lanza la pelota en el patio de recreo a una distancia de unos 3 metros y medio.
- ❏ Lanza una pelota pequeña sin levantar el brazo a una distancia de unos 3 m.
- ❏ Baja las escaleras, alternando los pies, sin apoyarse en la barandilla
- ❏ Camina apoyando toda la planta del pie durante unos 3 m.
- ❏ Camina sin ayuda sobre un balancín bajo
- ❏ Mientras se columpia, impulsa el columpio para mantener el movimiento

CONSEJOS ÚTILES PARA EL DESARROLLO DE LAS DESTREZAS MOTORAS

- ✓ Establece una señal que pueda utilizarse para atraer la atención de los alumnos. Esto resulta especialmente útil cuando se hacen actividades al aire libre. La señal puede ser auditiva, como un silbato o bocina, o visual, como dos dedos levantados o una tarjeta roja.
- ✓ Determina el espacio de juego en el que trabajarán o jugarán. Esto es esencial al realizar actividades al aire libre, con el fin de atraer su atención con facilidad. Los conos van muy bien para marcar la zona de juego. Si no tienes conos, haz tus propios marcadores, pintando con aerosol latas de café y llenándolas luego de arena.
- ✓ Haz demostraciones de la acción o actividad con la mayor frecuencia posible. Aunque tú no seas capaz de hacer la demostración, a menudo encontrarás a un alumno o alumna que pueda servir de ejemplo, guiándolo o guiándola tú durante la actividad. Explica las reglas de los juegos nuevos al aire libre a todo el grupo en una zona cerrada (se recomienda el aula) antes de salir al exterior.
- ✓ En los juegos, evita las situaciones en las que los niños escogen los equipos. Forma los equipos de manera que sus niveles de destreza sean similares.
- ✓ Escoge actividades que permitan que los niños permanezcan en acción durante la mayor parte del tiempo. Establece muchos puestos o lleva a cabo diversas actividades de entre las que los niños puedan escoger si una determinada actividad exige que solo participe un niño o niña a la vez.
- ✓ Ten dispuestos todos los equipamientos. Si no tienes un equipamiento específico para un juego o actividad, utiliza el que tengas a mano e improvisa.
- ✓ No toleres las bromas pesadas ni la conducta poco deportiva. Asegúrate de definir y ejemplificar la conducta deportiva. Cuando los alumnos sepan lo que se espera de ellos, la mayoría emulará una apropiada conducta deportiva.

1. Conciencia espacial y corporal

El *espacio general* es el espacio del aula o los límites en los que un alumno puede desplazarse desde un punto de partida original hasta otro lugar. El espacio personal es el área inmediata que rodea a una persona. Es importante que los niños aprendan estos conceptos porque definen el concepto de los límites personales.

Cuando los niños y las niñas entienden las ideas del espacio personal y del espacio general, empiezan a comprender la idea de límite y pueden dominar el control corporal necesario para realizar satisfactoriamente una tarea dentro de unos límites dados.

La *conciencia corporal* es la comprensión de las propias posibilidades de movimiento corporal y la sensibilidad hacia el propio ser físico. Para los niños, el aprendizaje empieza con la identificación de las partes del cuerpo y el conocimiento de la capacidad de movimiento del mismo. Cuando el niño desarrolla las destrezas motoras y la conciencia corporal, aprende a utilizar eficaz y competentemente las partes del cuerpo al poner en práctica sus destrezas motoras.

En este capítulo, se aborda la *conciencia espacial* y la *conciencia corporal* a través del **Movimiento creativo** presentando actividades que pueden hacerse con muy poco o ningún material. Las actividades están pensadas para hacer que los niños y niñas se muevan de formas divertidas y creativas.

Conviene definir claramente el espacio en el que se llevará a cabo la actividad. Los alumnos deben conocer los límites en los que pueden moverse para participar en cada juego.

Para que comprendan el concepto de espacio personal en el aula, hay que ser muy concreto en la definición del mismo. Por ejemplo, el espacio personal de un alumno puede ser su pupitre y su silla o quizá solo una silla.

Hay que advertirles que pongan atención para no invadir el espacio personal de los demás durante una actividad que requiera utilizar dicho espacio.

Formas geométricas

Materiales: Área grande en el que los niños puedan tumbarse.

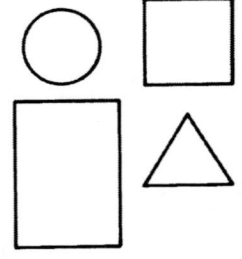

Se trata de un juego en el que representarán formas geométricas: circunferencia, cuadrado, rectángulo y triángulo. Cuando oigan el nombre de una forma, los alumnos se incorporarán a un grupo y formarán la figura en cuestión.

Para formar un triángulo, constituirán grupos de tres; para un cuadrado, grupos de cuatro; para un rectángulo, grupos de seis, y para una circunferencia, grupos de cualquier número de niños. A una señal, el educador nombrará una de estas formas geométricas. Los niños crearán los grupos del tamaño adecuado para representar la forma dada. Si algún alumno se queda solo, sin un compañero o compañera, hará la forma por su cuenta.

Letras con el cuerpo

Anímales a crear las letras del alfabeto con sus cuerpos, según figura en los dibujos. Algunas letras puede hacerlas un solo alumno; otras requieren que trabajen juntos dos compañeros.

Nombra una letra del alfabeto y haz que cada uno determine si la letra puede hacerla uno solo o si necesita la ayuda de otro u otra estudiante. Los alumnos ponen su cuerpo en una postura que muestra la letra del abecedario.

A: Necesitarás a un compañero. Poneos frente a frente, a una distancia de 60 cm. aproximadamente. Tomarse de las manos. Inclinarse un poco hacia adelante y haced que vuestras cabezas se toquen.

B: Ponte de pie; pon la mano derecha en la cadera derecha y el pie derecho sobre la punta del pie izquierdo.

C. Siéntate en el suelo y, con los brazos por encima de la cabeza, inclina ligeramente el cuerpo sobre las piernas.

D. Necesitarás a un compañero. Uno de vosotros se queda de pie y en posición recta. El otro se coloca frente al primero, poniendo las manos en los hombros del compañero; además, coloca las puntas de los pies de manera que se toquen con las puntas de los pies de quien está de pie y en posición recta; se dobla ligeramente por la cintura y se echa hacia atrás, manteniendo la cabeza entre los brazos.

E. Siéntate en el suelo con las piernas rectas frente a ti. Pon los brazos izquierdo y derecho en horizontal, al nivel de los hombros. Dobla el brazo derecho y deja el codo en contacto con el cuerpo, extendiendo los dedos al frente.

F. Ponte de pie; deja el brazo izquierdo recto frente a ti, en horizontal, al nivel del hombro. Dobla el brazo derecho por el codo; deja el codo sobre la cintura, con los dedos señalando hacia adelante.

G. Necesitarás a un compañero. Uno de los dos se pone de pie, colocando ambos brazos sobre la cabeza, y se inclina ligeramente hacia adelante. El otro se sienta en el suelo, con las piernas rectas y hacia adelante y los pies tocando las puntas de los pies del primero. La persona sentada estira los brazos al frente, al nivel del hombro, y se inclina ligeramente hacia adelante.

H. Necesitarás a un compañero. Los dos estudiantes se sitúan lado a lado, a una distancia de unos 60 cm. Unid las manos más cercanas, manteniendo los codos pegados al cuerpo.

I: Ponte de pie, con los pies juntos y las puntas de los pies mirando hacia los lados. Poner las manos en la barbilla, eleva los codos al nivel de los hombros y mantenerlos mirando hacia los lados.

J: Necesitarás a un compañero. Uno de los dos permanece de pie. La otra persona se sienta al lado de la primera, haciendo que sus pies toquen el lado del pie derecho de aquella.

K: Quédate de pie. Eleva la pierna izquierda y no dobles la rodilla. Pon el codo en la cintura y sostén la mano mirando al frente y hacia arriba.

L: Ponte de rodillas en el suelo y mantén erguida la parte superior del cuerpo.

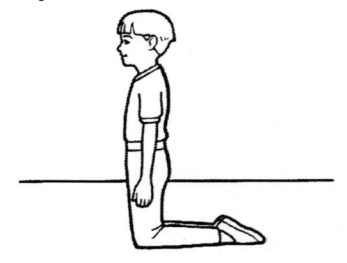

M: Necesitarás a un compañero. Poneos al lado uno de otro, separados unos 60 cm. y agarrados de la mano.

N: Necesitarás a un compañero. Una persona permanece erguida, sobre un pie y dobla la otra pierna por la rodilla, de manera que el pie que quede en el aire apunte a la otra persona. Ésta sujeta con la mano el pie elevado de la primera.

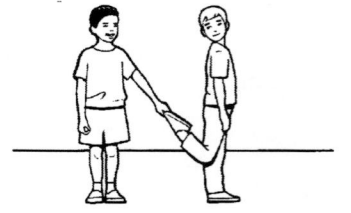

O: Necesitarás a un compañero. Una persona se sienta en el suelo, con las piernas rectas y hacia adelante. La segunda persona se pone de pie, frente a la primera y pone las manos sobre la cabeza de aquella y pega sus pies a los del otro compañero.

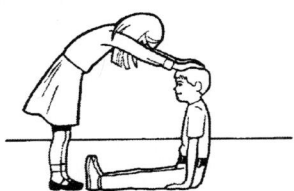

P: Quédate de pie. Con la mano derecha toca la frente.

Q: Necesitarás a un compañero. Uno de vosotros se sienta en el suelo, con las piernas rectas y hacia adelante, inclinándose ligeramente hacia atrás, apoyando los brazos rectos por detrás de la espalda. El otro se queda de pie frente a la primera, tocando sus pies con los suyos, y toca con las manos la cabeza de la persona que está sentada.

R: Quédate de pie. Dobla el codo derecho y tócate la cabeza. Sin doblar la rodilla, eleva la pierna derecha.

S: Arrodíllate. Lleva ambos brazos por encima de la cabeza e inclínate ligeramente hacia adelante.

T: Quédate de pie y pon los brazos en cruz.

U: Necesitarás a un compañero. Ambas personas se arrodillan en el suelo de manera que se toquen las puntas de sus pies mientras mantienen erguidos sus cuerpos.

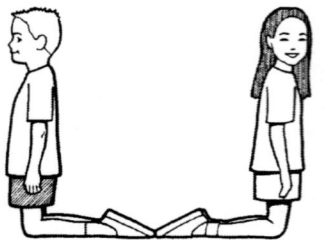

V: Siéntate en el suelo. Eleva juntas ambas piernas sin doblar las rodillas. Mantén el equilibrio poniendo las manos a los lados.

W: Tendréis que hacerla entre tres personas. La primera se queda de pie y se dobla por la cintura hasta tocar el suelo con las manos. Otra persona se arrodilla al lado de los pies de la primera. La tercera se arrodilla al lado de las manos de la primera.

X: Necesitarás a un compañero. Poneros juntos, espalda con espalda. Ambas personas deben avanzar ligeramente los pies, al tiempo que se inclinan ligeramente hacia adelante.

Y: Quédate de pie. Levanta ambas manos hacia los lados y por encima de la cabeza.

Z: Arrodíllate en el suelo. Eleva ambos brazos al frente, al nivel de los hombros, e inclínate ligeramente hacia atrás.

Actividades de rodar

Materiales: Varían según la actividad.

Los movimientos que se mencionan a continuación se pueden hacer más difíciles.

Haz que cada alumna complete alguna de las siguientes actividades de rodar:

- Mecerse de lado a lado durante un período de 30 a 60 segundos, mientras se está tumbado de espaldas, con los brazos en el suelo por encima de la cabeza.
- Tumbarse en la alfombra y restregar el cuerpo y las extremidades en ella.
- Rodar por el aula de cualquier manera.
- Rodar por el aula con los brazos por encima de la cabeza.
- Rodar por el aula con los brazos a los lados.
- Sostenerse sobre una pelota y rodar por el aula con los brazos por encima de la cabeza.
- Rodar sobre un objeto (otro alumno o alumna, bolsa de bolitas, etc.).
- Rodar bajo un objeto (mesa, una sábana suspendida sobre sillas, etc.).
- Rodar entre objetos.
- Rodar sobre la barriga, un lado, la espalda e invertir el procedimiento.
- Rodar cumpliendo órdenes, como: "alto" y "adelante".
- Tumbarse en el suelo de espaldas y hacer como si fuese un ángel batiendo las alas (brazos); después, rodar sobre la barriga y repetir.
- Rodar con una bolsa de bolitas entre las rodillas.
- Rodar "dentro" de un objeto (cajas con los extremos recortados, cilindro, alfombra, etc.).
- Tumbarse sobre la barriga y mantenerse en posición mediante los tobillos, meciéndose hacia adelante y hacia atrás.

¡Imagina que...!

Materiales: Ninguno.

Estimula la imaginación de los alumnos y alumnas haciendo que imiten las actividades de movimiento creativo mencionadas a continuación. Puedes hacer que participe toda la clase al mismo tiempo o convertir la actividad en un juego, haciendo que un niño imite la actividad mientras los demás tratan de adivinar de qué se trata.

Si optas por convertir la actividad en un juego, puedes escribir cada movimiento en una ficha para que los alumnos y alumnas escojan. Para un alumno o alumna que todavía no sepa leer, puedes decirle el movimiento al oído en voz baja.

- Construir un edificio con bloques
- Trepar por un árbol
- Subir y bajar por una escalera
- Bailar despacio (después, deprisa)
- Repartir cartas
- Distribuir el correo
- Cavar un hoyo con una pala
- Borrar la pizarra
- Clavar clavos
- Tender la ropa en el tendedero
- Patinar sobre hielo
- Hacer malabarismos
- Marchar como los soldados
- Remar corriente abajo
- Jugar al tejo
- Tocar la guitarra
- Estallar como las palomitas de maíz
- Sacar una bola de helado
- Disparar una flecha
- Chisporrotear como el beicon
- Blandir un hacha
- Envolver un regalo
- Ponerse un abrigo, un delantal o unos guantes
- Meter una llave en el arcón de un tesoro y abrirlo

Muévete así

Materiales: Ninguno.

Fomenta diversas actividades de movimiento ordenando a los alumnos que te imiten. Empieza con órdenes sencillas. A medida que los alumnos y las alumnas adquieran destrezas para ejecutar órdenes sencillas, hacerlas más complejas.

Puedes incluir en tus órdenes complejas diversos movimientos, como: dar palmas, zapatear, saltar, brincar, marchar, moverse hacia adelante y hacia atrás, dar vueltas, y levantar las manos, los brazos, las rodillas, las piernas y los pies. Utiliza las siguientes actividades y añade las que se te ocurran.

- Da saltos, primero deprisa, después despacio.
- Da una palmada sobre la cabeza.
- Da palmadas, primero deprisa, después despacio.
- Arrastra los pies por el suelo del aula.
- Brinca hacia adelante, hacia atrás y hacia los lados.
- Salta hacia arriba.
- Da nueve saltos.
- Inclínate a la izquierda, a la derecha, hacia adelante y hacia atrás.
- Levanta el brazo izquierdo, la pierna izquierda y la mano izquierda al mismo tiempo.
- Mueve los codos derecho e izquierdo hacia arriba y hacia abajo y después, en círculos hacia adelante y hacia atrás.
- Mueve los hombros derecho e izquierdo hacia arriba y hacia abajo, primero despacio y después deprisa.
- Date palmaditas en la cabeza y en la barriga.
- Salta rápidamente sobre el pie derecho, sobre el pie izquierdo, sobre ambos pies y párate.
- Da un paso, anda, brinca y salta hacia atrás.
- Zapatea suavemente, fuertemente, despacio y deprisa.
- Toca los dedos de los pies.
- Anda hacia atrás.
- Da vueltas a tu alrededor.

Actividades con serpentinas

Materiales: Serpentinas. Palos (opcional). Grapadora.

A los niños les encanta jugar con serpentinas. Ponerlas a su disposición es una de las formas más rápidas de hacer que se muevan. Después de enseñarles para qué fines están pensadas las serpentinas, puedes facilitárselas para que jueguen durante el tiempo libre, guiarlos en algunas actividades de movimiento o ambas cosas.

Determina la longitud de las serpentinas según la altura de los niños y la experiencia que tengan en su uso. Las más cortas (de unos 60 cm.) son más fáciles de controlar; las más largas (más de 90 cm.) requieren mayor control.

La primera vez que lleves serpentinas para que las usen tus alumnos, déjalos que jueguen a su aire. No pienses que estarán preparados para seguir las claves verbales hasta que hayan tenido tiempo suficiente para experimentar. Cuando están suficientemente centrados en la actividad como para seguir algunas instrucciones verbales, prueba algunas de las actividades de movimiento que se mencionan en las páginas siguientes.

Para hacer una serpentina corta tiras de papel de la longitud buscada (normalmente, pueden comprarse en papelerías). También pueden hacerse cortando telas de unos 8 cm. de ancho. Puedes grapar cada serpentina a un palito. Así, será más fácil sujetarla.

Movimientos básicos con la serpentina

Materiales: Serpentinas (2 para cada niña o niño).

A continuación, se mencionan algunos movimientos básicos que pueden hacerse con las serpentinas. Antes de dar instrucciones verbales a los alumnos, déjales unos minutos para que experimenten libremente con las serpentinas. Deja primero que las muevan a su aire. Empieza haciendo que utilice solo una serpentina. Después, cuando sea capaz de controlar mejor la serpentina, déjale la otra para que pruebe a hacer las mismas actividades con las dos manos.

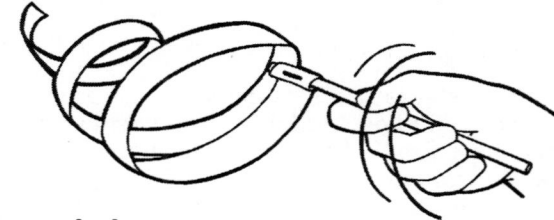

Progresión sugerida de movimientos

- Utilizando una de las dos manos, haz pequeños círculos al lado del cuerpo, en el sentido de las agujas del reloj; después, en el sentido contrario.
- Utilizando solo la mano izquierda, haz pequeños círculos al lado del cuerpo. Primero, muévela en el sentido de las agujas del reloj; después, en el sentido contrario.
- Utilizando solo la mano derecha, haz pequeños círculos al lado del cuerpo. Primero, muévela en el sentido de las agujas del reloj; después, en el sentido contrario.
- Utilizando las dos manos, haz pequeños círculos a ambos lados del cuerpo. Primero, en el sentido de las agujas del reloj; después, en el sentido contrario.
- Repite las actividades anteriores, modificando los aspectos siguientes:
  - Haz grandes círculos a ambos lados del cuerpo.
  - Haz círculos pequeños delante del cuerpo.
  - Haz grandes círculos delante del cuerpo.
  - Haz grandes círculos delante del cuerpo, tocando la barriga con la mano a cada pasada.
  - Haz círculos pequeños delante del cuerpo, tocando la barriga con la mano a cada pasada.
  - Llega hasta el suelo y después hasta el techo.
  - Llega hasta el suelo y después hasta el techo mientras haces círculos con las manos.

© narcea, s.a. de ediciones

Acompañamiento con serpentinas

Materiales: Serpentinas (2 por cada niña o niño). Música.

Entrega a cada alumna dos serpentinas, una para cada mano. Después de que hayan tenido tiempo para jugar y experimentar a su aire, prueba algunas de las actividades de movimiento siguientes.

Pon distintas clases de música y pídeles que ajusten sus movimientos para seguir el ritmo de la música. Experimenta con música clásica, *rock and roll, jazz, blues, rock* duro, etc. Después de participar en el movimiento al compás de tres tipos diferentes de música, por lo menos, pídeles que describan cómo han cambiado sus movimientos cuando cambiaba la música. ¿Cómo han sabido con qué rapidez o lentitud moverse? ¿Qué tipo de música les ha gustado más?

Movimientos sugeridos

Pídeles que utilicen su imaginación para demostrar algunos de los movimientos señalados a continuación:

- Hacerse un copo de nieve, con un revoloteo lento y descendente, girando alrededor de sí mismo.
- Hacerse una mariposa, volando por el aire.
- Hacerse un pez, nadando por el mar.
- Hacerse un rayo que cae.
- Hacerse un pájaro que vuela a su nido.
- Hacerse el viento que sopla.
- Hacerse una ola que rompe en la orilla.

Cuentos con serpentinas

Materiales: 2 serpentinas por alumna.

Entrega a cada niño dos serpentinas, una para cada mano. Cuenta un cuento, aprovechando las sugerencias que aparecen a continuación o uno inventado por ti, basado en algunos de los movimientos indicados. Mientras les cuentas el cuento, dirígeles para que se muevan adecuadamente. Diles que empleen su imaginación.

Germinar

Haz como si fueses una semilla. Acurruca tu cuerpo al máximo para que puedan plantarte en el suelo. Te rocían con agua y tú empiezas a crecer, lentamente al principio, rápido, más tarde. De repente, sales del suelo y eres un brote. Las hojas empiezan a crecer a medida que aumentas de tamaño. Al final brota una flor en el extremo superior de la planta.

Tormenta

Haz como si fueses un árbol. Tu cuerpo es el tronco y tus brazos y manos son las ramas. Es un bonito y soleado día, con una brisa suave. De repente, se acerca una tormenta. El viento empieza a soplar un poco más fuerte, un poco más, un poco más. Te das cuenta de que estás en medio de un huracán. El viento sopla con furia a tu alrededor y empiezas a apagarte lentamente. Cuando el viento deja de soplar, el sol sale. Los pájaros empiezan a construir un nido en las ramas del árbol.

Despertar

Haz como si fueses una niña o un niño muy adormilado que está empezando a despertarse. Cuando abres los ojos, ves la luz del sol que entra en tu cuarto. Al principio, es demasiado brillante, pero notas que fuera hace un hermoso día. Sales afuera a jugar. Corres con tus amigas y amigos a hacer vuestras actividades favoritas. Al final del día, sientes un cansancio enorme. Vuelves a entrar en casa y te acurrucas en la cama para escuchar un cuento antes de dormirte.

Un día duro

Has tenido un día muy duro. Han herido tus sentimientos y estás triste. Cuando regresas a casa del colegio, tu mamá se da cuenta de que pareces triste. Te pregunta qué te ha pasado y, al principio, no quieres hablar de ello. Después, mamá se agacha y te da un abrazo. Te dice que todos tenemos días malos y que ella tiene un regalo especial para ti. Va al frigorífico y te pone un vaso de leche. Después, va al armario y saca dos de tus galletas preferidas. Después de merendar, te sientes mejor y sales a jugar.

La persecución

Haz como si fueses un pez que nada en el océano. Es un bonito día y nadas buscando algo de comida. De repente, aparece un gran tiburón en la zona en la que estás nadando. Al principio, te escondes, pero, pasado un momento, el tiburón te ve y empieza a perseguirte. Tú nadas, nadas y nadas, cada vez más rápido. Tu corazón está desbocado. Al final, encuentras una cueva en la que tú puedes entrar, pero el tiburón no. Entras en la cueva. Cuando el tiburón se ha marchado, sales de la cueva y vuelves a nadar tranquilamente.

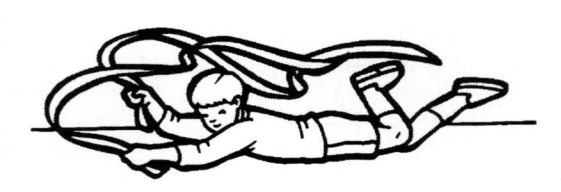

El regalo

Has estado contando los días que faltaban hasta tu cumpleaños: cinco, cuatro, tres, dos. Al final, llega la noche anterior a tu cumple. Apenas puedes esperar. No eres capaz de dormir. Cuando consigues dormirte, sueñas con lo bien que te lo vas a pasar en tu fiesta. Por fin, ha llegado tu día. Todo el mundo te trata como a una reina o un rey. Tus amigos y amigas vienen a tu fiesta. Te diviertes mucho jugando y comiendo tarta, pero todavía falta lo mejor: ¡los regalos! Vas abriendo uno a uno. Es divertido desenvolver las cajas, pero lo mejor es cuando llegas a ver el regalo. Por fin, has llegado al último. No recuerdas que mamá y papá te hayan hecho ningún regalo y te sientes triste. Pero, entonces, papá sale de la otra habitación con una caja. Es raro, porque la caja no está envuelta y tiene agujeritos. Cuando se inclina para enseñarte la caja, ¡ves dentro una mascota!

Parte con parte

Haz que cada alumno practique identificando las partes del cuerpo y moviéndose, haciendo que toque una parte del cuerpo con otra. Las órdenes pueden ser muy básicas, como: "toca el tobillo con el dedo", o más complicadas, como: "toca la rodilla izquierda con el codo derecho".

Puedes utilizar las instrucciones que aparecen a continuación o crear las que se te ocurran.

Instrucciones para la actividad "parte con parte"

- Tocar la oreja con el dedo
- Tocar el tobillo con la muñeca
- Tocar un codo con el otro codo
- Tocar los dedos del pie con el codo
- Tocar la cadera con el codo
- Tocar la rodilla con el pie
- Tocar la rodilla con el tobillo
- Tocar la rodilla izquierda con la muñeca derecha
- Tocar el hombro derecho con la mano izquierda
- Tocar la rodilla derecha con los dedos del pie izquierdo
- Tocar el meñique derecho con el anular izquierdo
- Tocar la oreja derecha con el pulgar izquierdo
- Tocar la rodilla derecha con el tobillo izquierdo
- Tocar la oreja izquierda con la mano derecha

Expreso mis sentimientos

Materiales: Ruleta de acciones. Ruleta de sentimientos.

Haz las ruletas que se utilizarán en el juego. Copia las plantillas de ruletas que aparecen dibujadas. Si es posible, plastifica las ruletas para que no se estropeen. Monta las flechas con chinchetas. Asegúrate de que las chinchetas no aprieten demasiado las flechas sobre los círculos plastificados para que puedan girar con facilidad.

Explica a cada alumna que ha de utilizar movimientos creativos para expresar los sentimientos. Haz girar la flecha de la ruleta de "acciones" de manera que el niño sepa qué acción ha de realizar. Haz girar la flecha de la ruleta de "sentimientos" para que ejecute la acción de manera que muestre un sentimiento o estado de ánimo.

De acuerdo con lo que marquen las ruletas, andará, saltará o desfilará de manera ridícula, malhumorada, enfadada, alegre, tranquila o excitada. Quizá sea conveniente que repases los sentimientos antes de empezar esta actividad.

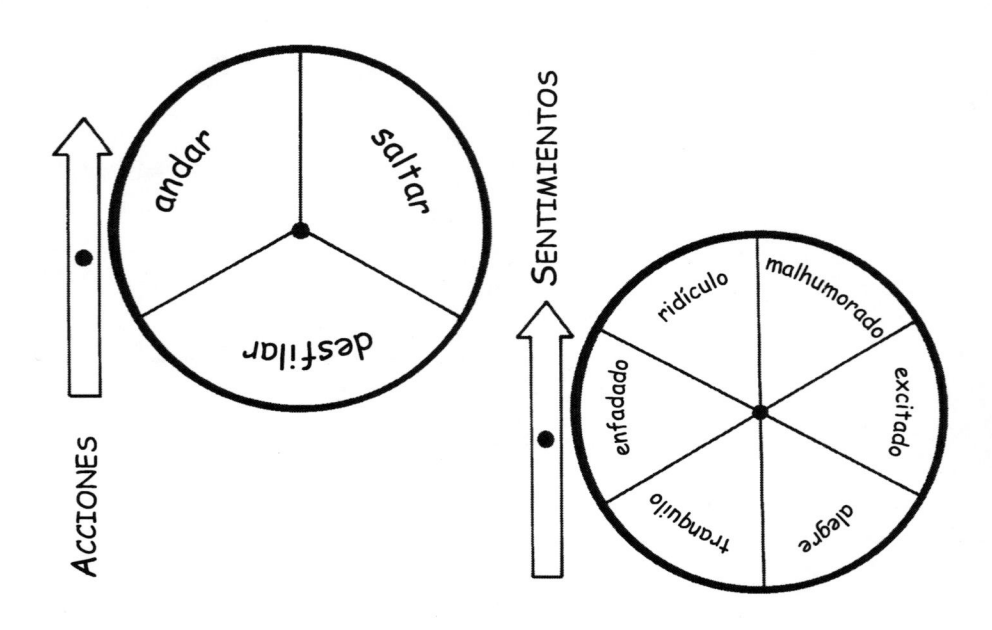

Encima y debajo

Materiales: 1 bolsa de bolitas por niño.

Entrega a cada niño una bolsa de bolitas. Si no dispones de bolsas de bolitas, sirve casi cualquier clase de objeto manipulable pequeño, como un juguete pequeño, un borrador rectangular, un plumier, etc. Haz que los niños utilicen sus bolsas de bolitas siguiendo instrucciones sencillas de un solo paso como las que aparecen a continuación. Cuando hayan adquirido práctica en el cumplimiento de instrucciones de un solo paso, crea otras instrucciones más complicadas o en dos pasos. Algunas instrucciones sencillas pueden ser las siguientes:

- Pon la bolsa de bolitas bajo tu pie
- Pon la bolsa de bolitas sobre la cabeza
- Pon la bolsa de bolitas por encima de los hombros
- Pon la bolsa de bolitas debajo de la barbilla
- Pon la bolsa de bolitas por encima de la cabeza
- Pon la bolsa de bolitas por debajo de las rodillas
- Pon la bolsa de bolitas entre las piernas
- Pon la bolsa de bolitas al lado de los pies

Estrellas en el cielo

Materiales: Estrellas que brillen en la oscuridad. Un pupitre o mesa. Masa o plastilina.

Haz que cada alumno coja una porción de masa del tamaño de una uva y le de vueltas con los dedos hasta que forme una bola. Después, busca una estrella que brille en la oscuridad y pon la bola de masa en la parte de atrás de la estrella.

El alumno se echa de espaldas y se mete debajo de una mesa (el cielo), se acerca al tablero y pega la estrella en él (la plastilina hace de pegamento). Después de pegar la estrella en el "cielo", haz que salga de debajo de la mesa utilizando solo los pies y los brazos. Continúa hasta que todos los niños hayan podido poner una estrella en el cielo. Dependiendo del tamaño de la mesa, puedes permitir que varios alumnos se pongan de espaldas y metan la cabeza debajo de la mesa. Después, apaga o atenúa las luces del aula para tener una mejor visibilidad.

Estrellas en el cielo II

Materiales: Linternas (1 por alumno o alumna o por grupo).

Entrega una linterna a cada alumno o a cada grupo de alumnos. Haz que cada estudiante se tumbe de espaldas en el suelo. Después, apaga o atenúa las luces del aula para tener mejor visibilidad. El alumno puede enfocar la linterna hacia el techo con el fin de crear estrellas. En los grupos, pueden turnarse.

Orientales para que hagan diversas actividades con su linterna. Utiliza la luz de la linterna para: tocar las cuatro paredes, tocar los cuatro rincones del aula, hacer un dibujo, hacer círculos pequeños, hacer círculos grandes, hacer volutas, escribir letras o números, escribir un nombre, hacer relámpagos, etc.

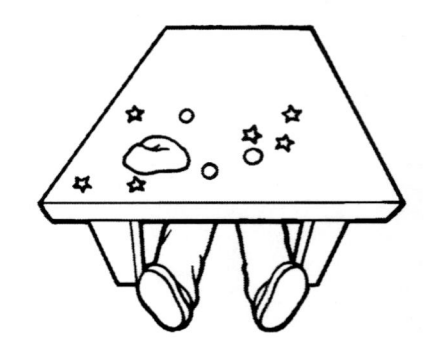

Juego de "Simón dice..."

Materiales: Silla o taburete (1 por niña o niño).

Coloca una silla o taburete pequeño en una zona en la que los niños puedan moverse a su alrededor con facilidad. Después, juega a "Simón dice...".

Dales instrucciones sencillas, como: "Simón dice: camina alrededor de la silla", "Simón dice: siéntate en la silla", "Simón dice: ponte detrás de la silla". Sigue dando instrucciones en las que emplees las siguientes expresiones direccionales como: "por encima de", "debajo de", "al lado de", "cerca de", "sobre", "arriba", "alrededor", etc.

Los niños solo deben seguir las instrucciones que incluyan el nombre de "Simón". Si las instrucciones no incluyen el nombre de Simón, no deben seguirlas (por ejemplo: "pasa por debajo del pupitre"). Cuando se hayan familiarizado por completo con la forma de participar en el juego, haz que, por turno, todos los niños y niñas se encarguen de dar las instrucciones.

También puedes hacer una variación: prepara un laberinto que permita que los niños repten bajo una mesa, suban a una silla y pasen por encima de ella, caminen alrededor de un estrado, pasen entre dos sillas, etc. Para complicar un poco más el juego, puedes combinar dos instrucciones, por ejemplo: "salta a la pata coja y pasa por debajo de la mesa"; "salta la silla y después súbete a ella y pasa por encima". Diles que, si superan satisfactoriamente el laberinto, tú seguirás las instrucciones que ellos se inventen.

Este juego también puede practicarse al aire libre, utilizando movimientos de locomoción, como caminar, subir y bajar, saltar, brincar, etc.

Tablero de colores

Materiales: Papel charol de diversos colores. 2 serpentinas. Un clip. Un lápiz.

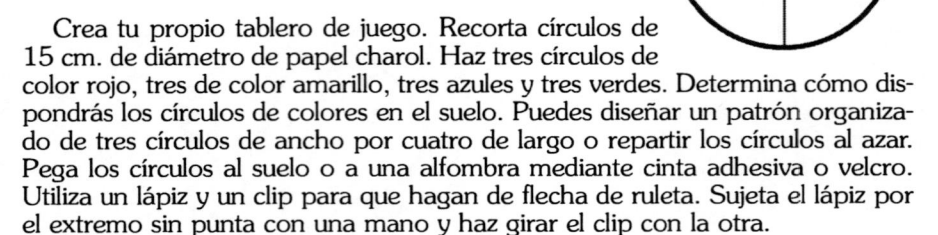

Crea tu propio tablero de juego. Recorta círculos de 15 cm. de diámetro de papel charol. Haz tres círculos de color rojo, tres de color amarillo, tres azules y tres verdes. Determina cómo dispondrás los círculos de colores en el suelo. Puedes diseñar un patrón organizado de tres círculos de ancho por cuatro de largo o repartir los círculos al azar. Pega los círculos al suelo o a una alfombra mediante cinta adhesiva o velcro. Utiliza un lápiz y un clip para que hagan de flecha de ruleta. Sujeta el lápiz por el extremo sin punta con una mano y haz girar el clip con la otra.

Presenta esta actividad de manera que solo haya un niño a la vez en el tablero de colores. El alumno o maestro hace girar las flechas de ambas ruletas. La primera ruleta determina qué parte del cuerpo habrá que mover y la otra ruleta determina qué color tendrá que tocar la parte del cuerpo señalada. El niño puede escoger qué círculo tocará, siempre que sea del color indicado. Con niños muy pequeños, se puede decir que hagan solo un movimiento. Una vez realizado, haz que se levanten y hagan girar de nuevo los indicadores de las ruletas.

Con los alumnos mayorcitos, se puede hacer que realicen varios movimientos al mismo tiempo. De este modo, practicarán movimientos de su cuerpo por el tablero de juego de distintas maneras.

Permite que varios jueguen al mismo tiempo sobre el tablero. Cada uno tendrá que seleccionar cuidadosamente a qué círculo se moverá para evitar a otros niños.

Haz nuevas ruletas que exijan utilizar la cabeza, los codos, las rodillas, etc.

Actividades de gatear

Materiales: Varían según la actividad.

Las actividades que se mencionan a continuación aparecen relacionadas en orden de dificultad. Haz que cada alumno complete alguna de las siguientes actividades de gatear:

- Tumbarse sobre la barriga con las manos bajo la barbilla, levantando una pierna de una vez hasta alcanzar la máxima altura posible (sin rodar sobre su lado). Primero, se levantan las piernas por separado; después, juntas.
- Tumbarse sobre la barriga y arrastrarse como una tortuga, muy despacio.
- Tumbarse sobre la barriga y arrastrarse como un cocodrilo que vaya a comerse a alguien, muy deprisa.
- Tumbarse sobre la barriga y arrastrarse por el aula, dar la vuelta sobre la barriga y volver.
- Gatear sobre la barriga por el aula hacia atrás (los pies por delante).
- Girar sobre la cintura, haciendo un círculo.
- Gatear hasta una línea de cinta pegada en el suelo y rodar por el resto del aula hasta el final.
- Gatear sobre una senda (zigzag, circunferencia, cuadrado, etc.).
- Hacer un túnel doblándose por la cintura y tocando el suelo con las manos; después, otro niño u otra niña gatea por el túnel sin tocar al primero o primera.

Actividades de arrastrarse

Materiales: Variados según la actividad.

Las actividades que se mencionan a continuación se hacen progresivamente más difíciles. Hacer que cada alumna complete alguna de las siguientes actividades de rodar:

- Girar alrededor de uno mismo lo más rápidamente posible en ambas direcciones, de rodillas y con las manos apoyadas en el suelo.
- Tumbarse sobre la barriga y elevarse con los brazos, dejando las rodillas en el suelo.
- Tumbarse de espaldas. La maestra o el maestro nombra una parte del cuerpo y la niña o el niño mueve suavemente solo esa parte (p. ej.: meñique de la mano derecha, barbilla, pie, etc.).
- Buscar una parte de cuerpo mientras se está de pie. Por ejemplo, dar instrucciones para que el alumno junte los codos, separe los pies, toque un codo, una las rodillas, etc.
- Arrastrarse hacia adelante, hacia atrás y hacia los lados con una toallita entre el hombro y la barbilla.
- Arrastrarse mientras se empuja solo con la cabeza una pelota por el aula. Si el niño se marea, insístele en que apoye firmemente las manos en el suelo hasta que se le pase.
- Sostenerse sobre las manos y las rodillas, alineados lado a lado (por parejas) con una línea de cinta adhesiva entre la pareja, manteniendo manos y rodillas en el suelo y tratando de empujar a la pareja para hacerle perder el equilibrio sin cruzar la línea.
- Sostenerse sobre las manos y las rodillas, mover la cabeza arriba y abajo, mirando al techo y después a las rodillas, manteniendo firmes los brazos y las piernas.
- Agruparse por parejas. Cada niño tiene que tumbarse de espaldas, con las rodillas flexionadas y con los pies unidos y tratar de empujar a la pareja para sacarla de su sitio.
- Sostenerse sobre las manos y las rodillas y levantar una mano; mantener el equilibrio mientras se cuenta hasta 10. Se repite con la otra mano. Después, se repite con cada pierna.

Actividades estando sentados

Materiales: Variados según la actividad.

Las actividades que se mencionan a continuación aparecen relacionadas en orden de dificultad. Haz que cada alumna o alumno complete alguna de las siguientes actividades estando sentados:

- Sentarse con las piernas cruzadas. Ha de girar su cuerpo desde la cintura para arriba, en un movimiento circular, primero con las palmas de las manos en el suelo (para mantener el equilibrio) y después sin manos (con los brazos doblados sobre la cabeza).
- Sentarse con las piernas cruzadas. Enséñale a caer hacia adelante, volviendo después a la posición inicial, sentada con el tronco erguido.
- Sentarse con las piernas al frente. Enséñale a caer hacia adelante, tratando de tocar las rodillas con la cabeza, volviendo después a la posición inicial, sentada con el tronco erguido.
- Tumbarse de espaldas. Haz que levante las piernas en el aire y las mueva como en una bicicleta.
- Sentarse con las piernas al frente. Enséñale a tumbarse y después a incorporarse y hacerse un ovillo.
- Sentarse con las piernas cruzadas. Haz que ponga las manos detrás de la nuca y se balancee de un lado a otro.
- Forma parejas y haz que se pongan de pie y dándose la espalda, con los codos enlazados. Desde esta posición, pueden tratar de sentarse y después, de levantarse lentamente.
- Sentarse con las piernas al frente. Haz que ponga las manos en el suelo, a los lados de las caderas. Apretando hacia abajo, puede hacer fuerza con los brazos hasta levantar el trasero del suelo, manteniéndolo en alto hasta contar 5.
- Sentarse con las piernas al frente. Haz que se estire hasta tocar los dedos del pie izquierdo con la mano derecha y los dedos del pie derecho con la mano izquierda.

Actividades estando arrodillado

Materiales: Variados según la actividad.

Las actividades que se mencionan a continuación aparecen relacionadas en orden de dificultad. Haz que cada alumna o alumno complete alguna de las siguientes actividades que pueden hacerse arrodillado:

- Arrodillarse frente a otro niño, también de rodillas, y golpear con una mano, por turno, una pelota colgada del techo.
- Doblar los brazos y mecerse de lado a lado, de rodillas...
- Caer hacia adelante sobre las manos y volver a la posición anterior, de rodillas.
- Formar parejas y hacer que se arrodillen. Enseña a cada niña que, mirando al compañero, se cojan de las manos y se balanceen hacia adelante, hacia atrás y de lado a lado.
- De cara a la pared y de rodillas. Con las manos sobre la pared, la niña puede "andar" hacia los lados, en ambas direcciones.
- Tratar de ir hacia adelante, hacia atrás y hacia los lados estando de rodillas.
- Levantar y bajar los pies estando de rodillas, primero con las piernas abiertas y después, juntas (manteniendo las rodillas juntas).
- Colocar el pie derecho en el suelo, delante del cuerpo, y contar hasta cinco. Repetir la acción con la pierna izquierda.
- Arrodillarse y sentarse en los talones, con las manos en el suelo. Después, se inclina hacia adelante, deslizando las manos al frente hasta que el pecho toque las rodillas. En esta postura, balancear los brazos hacia la izquierda y después hacia la derecha.
- Sostener ambas manos sobre la cabeza y balancearse de un lado a otro.
- Por parejas y de rodillas. Cada alumno tiene la espalda apoyada en la de la pareja y trata de hacer perder el equilibrio a esta, utilizando solo su espalda.

Actividades estando de pie

Materiales: Varían según la actividad.

Las actividades que se mencionan a continuación aparecen relacionadas por orden de dificultad. Haz que completen alguna de las siguientes actividades que pueden hacerse de pie:

- Estando de pie, balancear una pierna hacia adelante, hacia atrás, hacia adentro y hacia afuera, y en un movimiento circular. Repetir la actividad con la otra pierna.
- Con la espalda contra la pared. Haz que deslice la espalda hacia arriba y hacia abajo y se balancee de lado a lado.
- Caminar hacia atrás, dentro y fuera de una carrera de obstáculos.
- Cerrar los ojos y señalar el techo, el suelo, a la maestra o al maestro, etc.
- Apoyarse en la pared y "rodar" por ella.
- De cara a la pared, tocarla con la nariz, la oreja, la frente, etc.
- De pie, con la espalda contra la pared, caminar hacia los lados siguiendo la pared.
- Dar vueltas sobre los pies, yendo de los dedos a los talones. Repetir la actividad varias veces.
- Caminar agachándose y después, levantándose (en cuclillas y de puntillas).
- Caminar por el aula con un lado del cuerpo pegado a la pared.
- Caminar hacia adelante sobre una línea de cinta adhesiva o de tiza (tratar de hacerlo hacia atrás, cruzando los pasos y de lado).

Actividades en monopatín

Materiales: Patinete o monopatín (1 por niña o niño o grupo). *Hula hoop.* Cuerda.

Las actividades que se mencionan a continuación son progresivamente más difíciles. Haz que cada alumna o alumno realice alguna de las actividades siguientes con un patinete:

- Sentarse con las piernas cruzadas en un patinete e impulsarse hacia adelante con las manos. Haz que el alumno o la alumna vaya en círculos en ambos sentidos.
- De rodillas en el patinete, girar haciendo círculos hacia un lado y después hacia el otro.
- Sentado o sentada, o de rodillas en el patinete, avanzar, ir hacia atrás y después hacia los lados.
- Sentado o sentada, con las piernas cruzadas, en el patinete, sostener un *hula hoop,* mientras una persona adulta tira de él.
- Tendido o tendida sobre la barriga, avanzar por el suelo utilizando solo los pies.
- De rodillas o sentado (sentada) en el patinete, seguir diversas pistas.
- Atravesar una pista de obstáculos con el patinete.
- Tenderse sobre la barriga en el patinete (atar una cuerda a la manilla de una puerta o a la pata de un pupitre pesado). El niño agarra la cuerda y tira con fuerza (utilizando los brazos, no los pies), echando una mano tras otra, hasta el final de la cuerda.

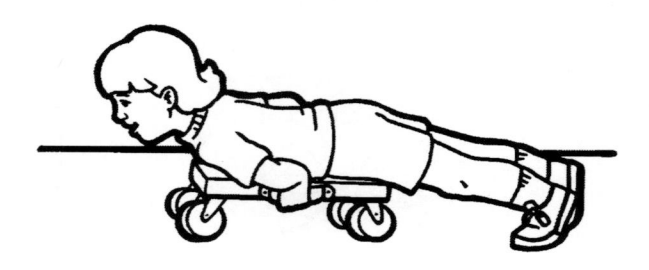

2. Destrezas Locomotoras

Hay ocho movimientos básicos locomotores o de desplazamiento. A continuación, figuran las definiciones de los otros movimientos, relacionadas en orden de dificultad.

1. **Salto:** Alzarse del suelo, impulsándose con ambos pies y caer sobre los dos pies.
2. **Salto a la pata coja:** Alzarse del suelo, impulsándose con un pie y caer sobre ese mismo pie.
3. **Salto alternado:** Saltar sobre un pie y caer sobre el otro.
4. **Galopar:** Realizar un movimiento de desplazamiento con los pies mirando hacia adelante. Los pies tienen que estar orientados en la misma dirección del movimiento del sujeto. Una pierna queda atrás mientras el sujeto avanza.
5. **Paso y salto:** Es una combinación de paso y salto a la pata coja en la que se alterna el pie que dirige el movimiento.
6. **Paso lateral:** Paso lateral con una pierna y cierre del paso con la otra. El peso del cuerpo se transfiere al segundo pie. El cuerpo se desplaza lateralmente.

El desarrollo de las *destrezas motoras básicas* es muy importante para que niñas y niños adquieran la capacidad de moverse satisfactoriamente en cualquier situación. La relación entre el conocimiento y la destreza les permite planear y utilizar de manera más competente sus destrezas. Proponemos varias actividades de: **desplazamiento, salto** y **destrezas combinadas.**

Saltar a la pata coja y saltar con los dos pies son los mejores movimientos locomotores que se pueden realizar en un espacio reducido. Pueden hacerse muchas repeticiones sin desplazarse a gran distancia.

Muchas actividades locomotoras requieren puntos de salida y de meta. Para marcar estas posiciones, hacen falta indicadores. Los conos, las latas de café o las botellas de refresco de dos litros rellenas de arena son buenos indicadores que se ven bien.

Andares opuestos

Materiales: Silbato, campana u otro dispositivo de señales.

En este juego las alumnas y los alumnos caminan de una forma predeterminada. A la señal, tienen que andar de formas opuestas. Se tendrá que dedicar algún tiempo a repasar esas formas opuestas y presentar solo algunas de ellas cada día.

Establece una señal que indique cuándo tienen que hacer la actividad de los andares opuestos (p. ej.: un silbato o una campana).

Prueba algunos de los andares opuestos que se relacionan a continuación o crea algunos que se te ocurran.

Anda sobre los talones	Anda sobre los dedos de los pies
Anda deprisa	Anda despacio
Anda hacia adelante	Anda hacia atrás
Anda hacia la izquierda	Anda hacia la derecha
Anda erguido	Anda agachado
Anda con los brazos delante de ti	Anda con los brazos a la espalda
Anda con los brazos hacia atrás	Anda con los brazos hacia adelante
Anda con las manos sobre la cabeza	Anda con las manos en los dedos de los pies
Anda con un compañero o compañera	Anda solo o sola
Anda en línea recta	Anda en línea curva

Utiliza algunos de estos andares opuestos con acciones como correr, galopar, "paso y salto", saltar a la pata coja, saltar y "paso lateral". No todas las formas opuestas pueden hacerse con todos los movimientos locomotores, pero prueba con las que sirvan.

Juegos de correr

A los niños les gusta correr y correr es una excelente actividad para favorecer la motricidad gruesa. Escoge un punto del patio en el que te gustaría que corriesen o prueba algunas de estas actividades para darle más interés a un período de tiempo dedicado a correr.

Establece una señal que indique con claridad cuándo quieres que cambien su forma de moverse. Sirve un silbato o una campana. La clave es disponer de una señal que puedan oírla todos.

Materiales: Silbato, campana o cualquier dispositivo que sirva para señalar.

Deprisa, despacio

Haz que todos los alumnos y alumnas corran a poca velocidad. Cuando oigan la señal, haz que corran a toda velocidad durante un período de entre 10 y 15 segundos. Haz otra señal para que vuelvan a una velocidad más lenta. Sigue haciendo señales sucesivas para que alternen entre mayor o menor velocidad. Después de correr, puedes hacer que alternen entre caminar deprisa y despacio.

Congelar el movimiento

Haz que todos los alumnos y alumnas corran a una velocidad predeterminada (rápida, lenta, media o que sólo caminen). Cuando oigan la señal, deben congelar el movimiento. Tras otra señal, vuelven a correr.

Líneas

Define una zona amplia en la que puedan correr. Recuérdales que cada uno debe respetar el espacio personal de los demás. Haz que corran en línea recta. Cuando oigan la señal, pasan de correr en línea recta a correr en círculo. Cuando vuelva a sonar la señal, tienen que volver a correr en línea recta. Sigue alternando líneas rectas y círculos con las correspondientes señales.

Sentidos de la marcha

Delimita una zona en la que pueda desarrollarse el juego. Haz que cada alumna o alumno corra en un sentido. Debe seguir corriendo en ese mismo sentido hasta que oiga una señal (como un silbato). Cuando oiga la señal, da la vuelta y cambia de sentido de marcha (el alumno o alumna corre en el nuevo sentido hasta volver a oír la señal). Sigue del mismo modo. La actividad puede llevarse a cabo haciendo que cada uno "congele" su postura y posición cuando oiga la señal.

Haz que cada alumna o alumno corra de distintas maneras: hacia atrás, hacia los lados, deprisa, despacio, elevando mucho o poco las rodillas, hasta un destino, sin moverse del sitio, en línea recta, en círculos, con las manos libres, llevando una bolsa de bolitas o una pelota, etc.

Combina la actividad de correr con otras actividades diferentes. Algunas actividades pueden ser: saltar dando una palmada, tocar los dedos de los pies, hacer abdominales, hacer flexiones, ponerse en cuclillas, tocar con la mano el pie opuesto, saltar a la pata coja, saltar, hacer muecas, tocar el suelo; después, el estómago, y después, elevar las manos al cielo.

Explícales que, cuando oigan la señal, deben empezar a correr. Cuando vuelvan a oírla, se detienen y llevan a cabo la actividad. Cuando se dé otra vez la señal, reanudan su carrera.

Todos contra todos

En esta versión del "corre que te pillo", todos van a por todos. Cada alumna o alumno trata de pillar a otro u otra. Cuando una persona sea "pillada", tiene que sentarse en el suelo hasta el siguiente juego.

Tocado, tocado y fuera

Es otra versión del "Todos contra todos". En este caso, sin embargo, la persona "pillada" tiene que ponerse una mano sobre la zona en la que le hayan dado. La persona tocada puede volver a ser alcanzada, teniendo, entonces, que ponerse la otra mano en la zona tocada, antes de quedar fuera del juego.

Imitación de animales

Materiales: Tarjetas de acción de animales (ver páginas 58-59).

Copia las "tarjetas de acción de animales". Recorta cada tarjeta y plastifícala para evitar que se estropee.

Di a los alumnos que tendrán que emplear su imaginación para actuar como animales. Pon boca abajo las tarjetas sobre una mesa. Escoge una y léela a los niños. Haz que imiten al animal que aparezca en la tarjeta. También puedes leer primero solo la acción. Después, cuando estén ocupados en imitar al animal, diles que hagan el ruido que corresponda a ese animal. En las tarjetas, aparecen sugerencias de actividades y ruidos. Repite hasta que hayan imitado todos los animales. Incítales para que piensen en animales diferentes que imitar.

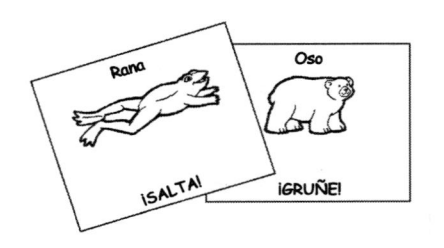

Otra posibilidad es hacer que un alumno o alumna escoja una tarjeta e imite al animal. El alumno o la alumna que esté imitando al animal no puede hacer ningún sonido. El resto de los alumnos y alumnas debe adivinar de qué animal se trata sólo a través de la mímica.

Anda así

Materiales: Tarjetas de acción de andar (ver página 60).

Copia las "Tarjetas de Acción de Andar". Recorta las tarjetas y plastifícalas para evitar que se estropeen.

Cada tarjeta de acción indica una única y divertida forma de practicar el movimiento en el aula o en el patio. Pon boca abajo las "Tarjetas de Acción de Andar" sobre una mesa. Empieza haciendo que tus alumnas y alumnos caminen circundando el aula. Después, escoge una tarjeta del montón y léela. Haz, entonces, que caminen del modo descrito en la tarjeta. Repite la acción hasta que se hayan utilizado todas.

Tarjetas de acción de animales

Oso Haz como si fueses un oso, andando a cuatro patas. Después, gruñe con voz profunda. **¡GRUÑE!**	**Elefante** Haz como si fueses un elefante que caminara por la pista de un circo. Junta los brazos. Bambolea los brazos como si fuesen la trompa. Desfila por el aula. **¡BAMBOLEA!**
León Haz como si fueras un león. Camina a cuatro patas y después ruge. **¡RUGE!**	**Gusano** Haz como si fueras un gusano. Serpentea por el suelo. **¡SERPENTEA!**
Rana Haz como si fueses una rana. Probar de cuántas formas diferentes puedes saltar. **¡SALTA!**	**Dinosaurio** Haz como si fueses un dinosaurio. Camina pisoteando el suelo del aula como un dinosaurio. Imagina el ruido que haría un dinosaurio y hazlo. **¡PISOTEA!**

Conejo	**Mariposa**	
Haz como si fueses un conejo. Primero, salta sobre los dos pies; después, a la pata coja. **¡SALTA A LA PATA COJA!**	Haz como si fueses una mariposa. Revolotea por el aula con ligereza, como si flotaras. Mueve los brazos, haciéndolos oscilar a los lados, como si fueran alas. **¡REVOLOTEA!**	D E S P L A Z A M I E N T O
Pato	**Medusa**	
Haz como si fueses un pato. Mantén los pies juntos y camina como un pato, balanceándote. Haz el ruido: cuá-cuá. **¡CUÁ-CUÁ!**	Haz como si fueras una medusa. Retuércete y flota por el aula, moviendo los brazos igual que la medusa mueve sus tentáculos en el agua. **¡RETUÉRCETE!**	
Caballo	**Mono**	
Haz como si fueras un caballo. Galopa por el aula. **¡GALOPA!**	Haz como si fueses un mono. Usa los brazos para hacer como si te columpiases de rama en rama mientras te desplazas por el aula. **¡COLÚMPIATE!**	

Tarjetas de Acción de Andar

- Camina como si el aula estuviese llena de algo pegajoso.	- Camina por el aula como si lo hicieses sobre una cuerda floja. Sigue una línea en el suelo o un trozo de cinta adhesiva pegada al mismo.
- Camina de puntillas.	- Camina por el aula sobre los talones.
- Camina acercándote a un amigo o amiga y susúrrale algo al oído.	- Camina como si lo hicieras subiendo una colina.
- Camina por el aula como un rey o una reina.	- Camina por el aula en zigzag.

Un paseo sobre el periódico

Materiales: Hojas de periódico. Tiza.

Emplea tiza para señalar los puntos de salida y de llegada. Entrega a cada niña o niño dos hojas de periódico. Un alumno empieza en la línea de salida. Mientras avanza hacia la meta, solo puede moverse poniendo los pies en sus hojas de periódico. Puede pisar sobre una hoja, poner la otra en el suelo, pisarla, volverse y recoger la que acaba de pisar y ponerla delante para dar el paso siguiente, etc. Esta actividad puede utilizarse para hacer que los alumnos practiquen también el salto a la pata coja.

Las partes del cuerpo

Materiales: Ninguno.

Haz los preparativos necesarios para este juego en una zona amplia y sin obstáculos. Diles que se dispersen por el área de juego. Escoge una destreza motora que te gustaría que practicasen.

La actividad empieza cuando la maestra dice la expresión: "partes con partes". Cada alumna o alumno empieza a moverse, utilizando uno de los movimientos de locomoción acordados, como correr, caminar, saltar a la comba, deslizarse, galopar, saltar a la pata coja, saltar, "caminar animal", etc.

Cuando el maestro diga otra vez: "parte con parte", los niños se emparejan y se detienen por completo. El maestro menciona una determinada parte del cuerpo, p. ej., los dedos de los pies. Las parejas se mantienen de pie, tocándose con la parte del cuerpo señalada (p. ej., los niños se mantienen de pie, frente a frente, tocándose los dedos de los respectivos pies izquierdos). El maestro dice una o dos partes del cuerpo más antes de volver a decir: "parte con parte". Después dice un nuevo movimiento de locomoción para que lo realicen los alumnos. Cuando vuelva a decir: "parte con parte", las parejas se detienen y, cuando se oigan más partes del cuerpo, repiten la operación.

Variación

Se anuncian palabras que rimen con los nombres de las partes de cuerpo que tengan que poner en contacto los alumnos y alumnas, como "plano con plano", en vez de "mano con mano", con el fin de que los alumnos y alumnas imaginen qué partes del cuerpo deben poner en contacto.

También se pueden utilizar expresiones sin sentido que rimen, como "plodo con plodo", para que los alumnos y alumnas tengan que descubrir qué deben tocarse con los codos.

Paseos

Cuando tus alumnos hayan adquirido suficiente destreza en los paseos haciendo la carretilla, el cangrejo y el chimpancé, prepara unas líneas para que las sigan caminando. Las líneas deben ser variadas; rectas, onduladas y zigzagueantes. También pueden hacer carreras en estas posturas e, incluso, ¡jugar al fútbol!

Materiales: Tiza o cinta adhesiva de pintor.

La carretilla

Haz que un alumno o alumna se coloque en el suelo, a gatas. Un compañero, agarra las piernas de quien esté en el suelo y las eleva hasta la altura de sus caderas (dependiendo de la edad, es posible que tengan que mantenerlas a la altura de las rodillas o los tobillos; cuanto más pequeños sean los niños, menos fuerza tendrán en los brazos, lo que obligará a sostener las piernas a la altura de las rodillas de quien esté de pie).

El alumno que esté apoyando las manos en el suelo trata de avanzar, utilizando solo las manos y los brazos.

El cangrejo

Haz que cada niña o niño camine como un cangrejo por el suelo, apoyando en este ambos pies y ambas manos.

El chimpancé

Da instrucciones a los niños para que caminen como un chimpancé, separando los pies, inclinándose hacia adelante y agarrándose los tobillos.

© narcea, s.a. de ediciones

Mamá (o Papá), ¿puedo?

Materiales: Ninguno.

Haz que los niños se pongan de pie, al lado unos de otros, en una pared del aula y de cara a la maestra, que estará en la pared de enfrente. La maestra desempeña el papel de "madre" (o "padre"), nombra a un niño o niña y da una instrucción como: "María, da dos pasos de bebé hacia adelante". La niña nombrada responde con: "Mamá (o papá), ¿puedo?". La maestra contesta: "Sí, puedes". Si la niña o el niño interpelado se olvida de pedir permiso, tiene que volver al punto de partida.

El juego continúa hasta que uno de los niños alcance la posición del maestro. El niño que lo consigue pasa a ocupar el puesto de "padre" o "madre" y los demás vuelven a las posiciones de partida. Puedes cambiar las instrucciones modificando el tipo de movimiento y su número.

Emplea alguna de las instrucciones siguientes:

- Da (número) pasos de bebé
- Da (número) saltos
- Da (número) pasos de gigante
- Da (número) saltos a la pata coja
- Da paso y salto (número) veces
- Gira (número) veces

Cuando el niño o niña adquiera más destreza, combina dos o más instrucciones.

Con niños y niñas mayores, puedes cambiar el guión de este modo:

— María, da dos pasos de bebé hacia adelante

— Mamá, ¿puedo?

— No, no puedes. Da tres saltos a la pata coja hacia adelante

— Mamá, ¿puedo?

— Sí, puedes

— María, da dos pasos de bebé y un salto a la pata coja hacia adelante

El salto del periódico

Materiales: Hojas de periódico. Rotulador negro. Cinta adhesiva.

Pon en el suelo entre 7 y 10 hojas de periódico a la distancia de un salto entre cada una. Después, pégalas.

Escribe un número en cada hoja. Los números pueden ir en orden sucesivo o repartidos al azar. El alumno empieza poniéndose de pie ante la hoja que tenga el número 1. Por turno, va saltando del 1 al 2, hasta el número más alto. Después, el alumno o la alumna salta sobre los números impares o sobre todos los pares. Por ejemplo, va del 2 al 4, o del 3 al 5, etc.

Haz que los niños salten, salten a la pata coja, salten de lado o salten hacia atrás.

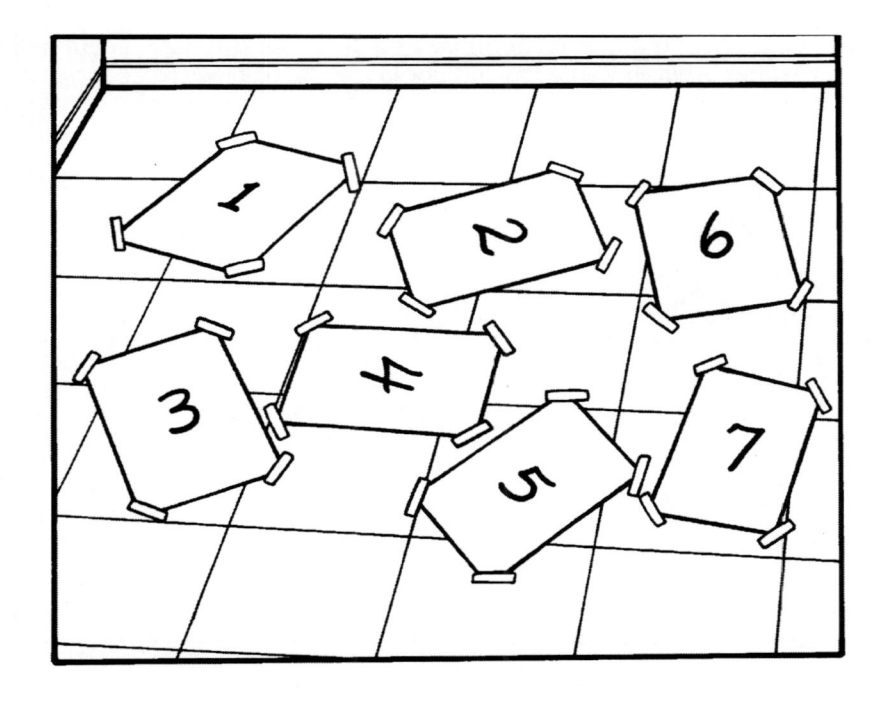

El salto de la línea

Materiales: Cinta adhesiva de pintor o cuerda para saltar. Bolsa de bolitas.

Traza una línea recta en el suelo con un trozo de cinta adhesiva de pintor o una cuerda para saltar. Determina la longitud de acuerdo con las habilidades de tus alumnas y alumnos. Haz que cada uno trate de realizar las actividades siguientes:

- Saltar sobre la línea
- Saltar sosteniendo una bolsa de bolitas
- Lanzar la bolsa de bolitas delante de sí, tratando de hacerla caer sobre la línea. El alumno o alumna salta sobre la línea hasta alcanzar la bolsa. Una vez recogida la bolsa, vuelve a lanzarla hacia la línea
- Saltar al lado de la línea
- Saltar hacia atrás, al lado de la línea

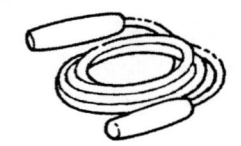

Haz que el alumno o la alumna repita las actividades anteriores sobre una línea ondulante o zigzagueante (creada por la maestra o maestro). Las actividades pueden realizarse también andando y saltando a la pata coja.

Salto en la pista de obstáculos

Materiales: Cinta adhesiva de pintor. Cajas de cartón. Sillas.

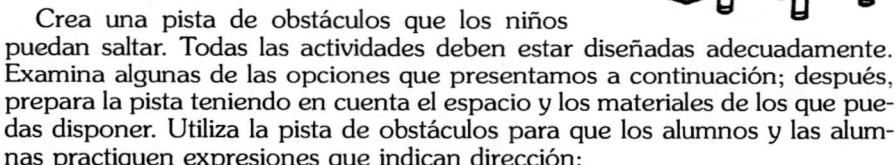

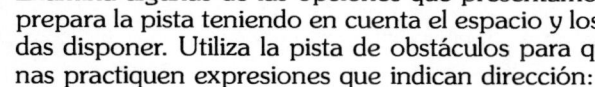

Crea una pista de obstáculos que los niños puedan saltar. Todas las actividades deben estar diseñadas adecuadamente. Examina algunas de las opciones que presentamos a continuación; después, prepara la pista teniendo en cuenta el espacio y los materiales de los que puedas disponer. Utiliza la pista de obstáculos para que los alumnos y las alumnas practiquen expresiones que indican dirección:

• Sobre

Prepara una línea, recta o sinuosa, con cinta adhesiva de pintor. El alumno o alumna debe saltar siguiendo la línea.

• Por encima de

En la pista de obstáculos, coloca cajas de cartón para que tus alumnas y alumnos salten por encima de ellas. Asegúrate de que la altura de las cajas sea adecuada a las habilidades saltadoras de tus alumnas y alumnos.

• Alrededor

Coloca sillas u otros objetos apropiados para que el alumno o la alumna los rodee saltando.

• A través de

Haz que en la pista de obstáculos se atraviese una puerta.

• Debajo de

Cuelga del techo un objeto, como un adorno con dos caras. Prepara la pista de obstáculos de manera que la alumna o el alumno tenga que saltar debajo del adorno.

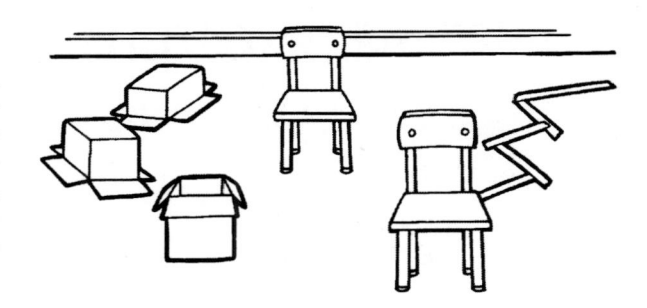

Pista de obstáculos de tres saltos

Materiales: Huellas de pies. Cuerda o cinta adhesiva de pintor.

Haz una línea recta con cinta adhesiva de pintor o tendiendo una cuerda en el suelo. Copia nueve juegos de huellas en cartulina y pégalas del siguiente modo: tres huellas a la izquierda de la línea; tres, a la derecha de la línea, y otras tres, a la izquierda (mira el diagrama). El alumno o la alumna salta, con los dos pies juntos, sobre los tres juegos de huellas del lado izquierdo de la línea. Después, salta, con los dos pies juntos, sobre las huellas del lado derecho de la línea. Por último, el alumno o la alumna salta, con los dos pies juntos, sobre los tres juegos de huellas del lado izquierdo de la línea.

Saltos a la pata coja, alternando los pies

Materiales: Huellas de pies. Cuerda o cinta adhesiva de pintor.

Haz una línea recta con cinta adhesiva o tendiendo una cuerda en el suelo. Copia nueve juegos de huellas de pies en cartulina. Recorta las huellas por separado, de manera que se tenga huellas de pie izquierdo y huellas de pie derecho. Escoge un modelo de las opciones siguientes y pega las huellas. El alumno o la alumna saltará a la pata coja sobre cada huella con el pie correspondiente. Por ejemplo, cuando vea una huella de pie derecho, salta solo con el pie derecho sobre esa huella. Puedes crear modelos propios o hacer que tus alumnos te ayuden a crearlos.

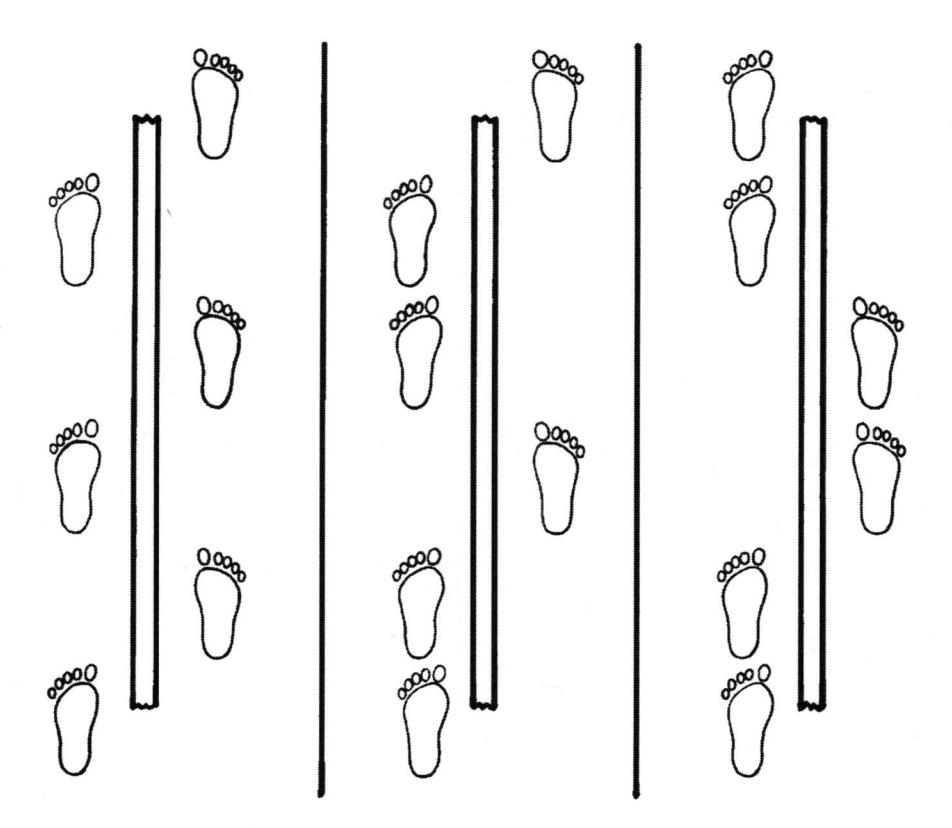

¡Salta a la pata coja, da un paso y salta y da un salto!

Materiales: Tiza.

En una zona diáfana y segura, pinta con tiza una línea de salida y una meta (cinco metros de distancia entre ambas están bien). Cronometra el tiempo que tarda cada niña o niño en atravesar la distancia a la pata coja sobre un pie. Después, cronometra lo que tarda dando un paso y saltando, teniendo en cuenta que, a menudo, esta actividad compuesta es difícil para los niños pequeños. Por último, cronometra el tiempo que tarda en cubrir la distancia saltando con un pie y cayendo sobre los dos o saltando y cayendo con ambos.

Pregunta a cada niña de qué forma lo ha hecho más rápidamente y comprueba si puede superar su marca en un segundo ensayo. Recuerda que hay que hacer hincapié en pasarlo bien, practicar destrezas de movimiento y tratar de que cada niña o niño supere su propia marca.

Si la actividad se hace demasiado competitiva, dejar de anotar tiempos y centrarse en la práctica de las destrezas de locomoción.

Además, esta actividad puede completarse con otros movimientos de locomoción como: andar, correr, saltar, andar de lado, reptar, rodar, etc.

Paso y salto

A menudo, la actividad de "paso y salto" es una de las destrezas de locomoción más difíciles de aprender para los niños. Quienes tengan dificultades para dar un paso y saltar, necesitan antes de nada practicar mucho el salto y el salto a la pata coja. Después, combinar el salto a la pata coja con el pie derecho y con el izquierdo.

Para dar un paso y un salto:

Salta a la pata coja con el pie derecho.

Salta a la pata coja con el pie izquierdo.

Repite.

Después, hazlo rápido.

Cuando los niños han aprendido el movimiento, es muy probable que los veas dando pasos y saltando por todas partes. Después prueba con algunas de las actividades que aparecen a continuación.

A tocar bolsas de bolitas

Materiales: Bolsas de bolitas.

Desarrollo de la actividad:

Esparce bolsas de bolitas por el suelo en toda la zona que vayas a utilizar. El alumno o alumna se desplaza por la zona dando saltos y pasos hasta que oye una señal (silbato). Cuando oye la señal, echa a correr para tocar tantas bolsas de bolitas como le resulte posible antes de volver a oír la señal (haz que cada alumna cuente las bolsas que toque). Da unos cinco segundos a cada uno para que corra tocando bolsas. A la señal siguiente, tiene que seguir dando saltos y pasos. Repite la operación cuatro o cinco veces.

Desde aquí hasta allí

Materiales: Tarjetas de movimientos de locomoción (ver páginas 73-75).

Haz unas "Tarjetas de Movimientos de Locomoción" con los modelos que incluímos en las páginas siguientes. Distribuye las tarjetas formando un círculo grande. Divide a los alumnos según la cantidad de tarjetas de movimientos de locomoción que utilices y sitúa un grupo de alumnos al lado de cada tarjeta. Determina el sentido de marcha en el que se desplazarán. Cada uno lleva a cabo la actividad que aparezca en la tarjeta a medida que vaya rotando hasta la siguiente tarjeta. Por ejemplo, si un alumno o alumna empieza en una tarjeta en la que se lea: "Salta", tiene que ir saltando hasta que llegue a la siguiente tarjeta. En ese momento, pasa a realizar la actividad señalada en la tarjeta hasta llegar a la siguiente. Haz que los alumnos sigan rotando durante un período de tiempo determinado o hasta que todos hayan tenido ocasión de realizar todos los movimientos.

Puedes hacer más tarjetas de movimientos de locomoción utilizando las "tarjetas de acción de animales" que ya has confeccionado (ver páginas 58-59). Para hacer las tarjetas, sigue las instrucciones que aparecen a continuación. Al utilizar en esta actividad los movimientos de animales, es conveniente que los alumnos y alumnas ya estén familiarizados con cada acción.

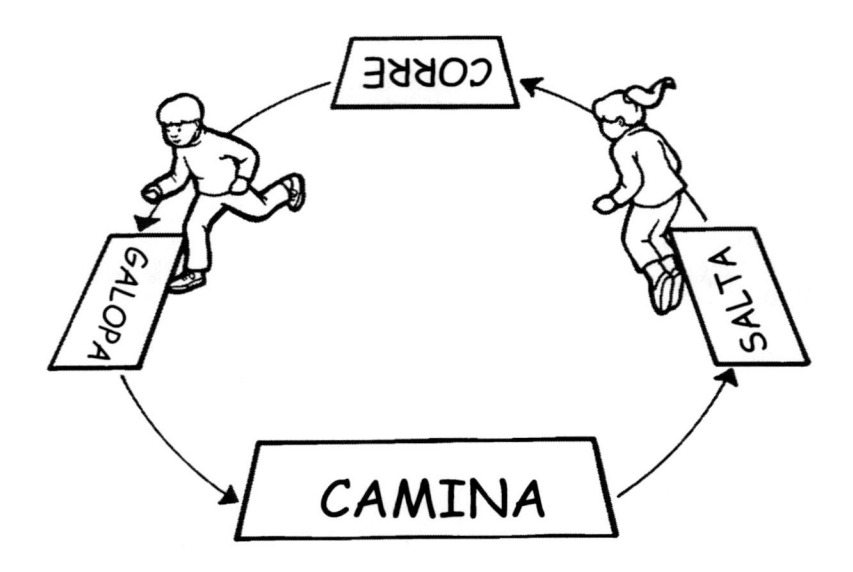

Tarjetas de Movimientos de Locomoción

SALTA

SALTA A LA PATA COJA

DESTREZAS COMBINADAS DE LOCOMOCIÓN

**ANDA
DE LADO**

GALOPA

CORRE

CAMINA

DESTREZAS COMBINADAS DE LOCOMOCIÓN

3. Destrezas manipulativas

Las *destrezas manipulativas* como lanzar, agarrar, hacer rodar, botar y golpear, implican el uso de muchas partes del cuerpo para impulsar y recibir un objeto. Los niños y las niñas disfrutan mucho con las oportunidades de juego estimulante que pueden crearse utilizando balones y pelotas.

Lanzar, agarrar, hacer rodar, botar, golpear o mover objetos empujándolos con las manos, ayudan a desarrollar el juicio y las competencias de decisión a la hora de lanzar un objeto. Los niños tienen que decidir acerca de cuestiones como: "¿en qué dirección tengo que tirar?" y "¿cuánta fuerza tengo que emplear?".

Los alumnos y alumnas utilizan la información transmitida por los órganos sensoriales para hacer juicios sobre su entorno. El entrenamiento oculomuscular y el desarrollo de la coordinación oculomanual son muy importantes para desarrollar otras destrezas útiles para la vida diaria, como utilizar teclados y conducir.

Los balones de playa son muy ligeros y baratos y no suponen una amenaza para los niños. Las esponjas grandes, y las pelotas de papel son buenas alternativas a los balones que se utilizan en los juegos de lanzamiento. No rompen objetos del aula y no se alejan demasiado al lanzarlas.

Lanza el pañuelo

Materiales: Pañuelo cuadrado de tela o de papel de 30 cm. de lado (1 por alumno).

El uso de pañuelos es una forma excelente y nada peligrosa de mostrar las habilidades de agarrar. El pañuelo se mueve despacio, lo que ofrece muchas oportunidades de alcanzarlo mientras cae.

Para empezar, da a cada niña o niño un pañuelo. Un alumno lanza el pañuelo al aire empleando los brazos y las muñecas. Mientras el pañuelo flota en su caída hacia el suelo, otro niño trata de atraparlo con las manos. Al principio, se puede alcanzar el pañuelo con ambas manos. Después, a medida que se acostumbre a la forma de caer del pañuelo, puede tratar de sujetarlo con una sola mano.

Cuando se haya hecho la idea de cómo atrapar el pañuelo en su caída, utiliza como estímulo alguna de estas actividades:

- Lanzar el pañuelo al aire con la mano derecha y atraparlo con la misma mano.
- Lanzar el pañuelo al aire con la mano izquierda y sujetarlo con la misma mano.
- Lanzar el pañuelo al aire con la mano derecha y tomarlo con la mano izquierda.
- Lanzar el pañuelo al aire con la mano izquierda y recogerlo con la mano derecha.
- Lanzar el pañuelo al aire y dar una palmada antes de atraparlo.
- Lanzar el pañuelo al aire y tocar los dedos de los pies antes de alcanzarlo.
- Lanzar el pañuelo, soltándolo cuando tengas el brazo por encima de la cabeza.
- Lanzar el pañuelo. Alcanzarlo cuando esté a la altura de la cintura.
- Lanzar el pañuelo. Atraparlo mientras todavía esté por encima de la cabeza.
- Lanzar el pañuelo por encima del hombro derecho. Darse la vuelta y agarrar el pañuelo con la mano derecha.
- Lanza el pañuelo por encima del hombro izquierdo. Darse la vuelta y alcanzar el pañuelo con la mano izquierda.

Malabarismos

Materiales: Pañuelos o cuadrados de tela de unos 30 cm., de colores diferentes (1 juego por alumno o alumna).

Malabarismos con un pañuelo

Da a cada niña o niño un juego de tres pañuelos. Enséñale a sostener el pañuelo en el centro, extender el brazo por encima de la cabeza y lanzarlo al aire, y después, a atrapar el pañuelo a la altura de la cintura mientras flota en su caída hacia abajo.

Malabarismos con dos pañuelos

Empieza a enseñar malabarismos utilizando solo dos pañuelos (por ejemplo, el rojo y el blanco). Haz que empiecen con el pañuelo rojo en la mano derecha y el pañuelo blanco en la mano izquierda. El niño lanza el pañuelo rojo al aire. Mientras el rojo está en el aire, pasa el pañuelo blanco de la mano izquierda a la derecha. Después, toma el pañuelo rojo con la mano izquierda. Repite la actividad, lanzando ahora el pañuelo blanco al aire y cambiando de mano el pañuelo rojo.

Cuando haya practicado un rato, dale instrucciones verbales (di un color o: "lanza") para que lance y atrape los pañuelos más rápidamente.

Cuando haya adquirido destreza lanzando dos pañuelos y cambiándolos de mano, haz que empiece los malabarismos con tres pañuelos.

Malabarismos con tres pañuelos

Los movimientos son similares a los de los malabarismos con dos pañuelos, aunque algo más rápidos. Para hacer malabarismos con tres pañuelos (por ejemplo, rojo, blanco y azul), haz que cada niña empiece con el pañuelo rojo en la mano derecha y el blanco y el azul en la mano izquierda. Lanza el pañuelo rojo al aire. Cuando éste está en el aire, pasa el pañuelo azul de la mano izquierda a la derecha y empieza a lanzarlo. Después, mientras el pañuelo rojo cae flotando, pasa el pañuelo blanco de la mano izquierda a la derecha y atrapa el rojo con la mano izquierda.

El uso de pañuelos hace que el movimiento de caída sea lento y que floten un rato hasta que llegan al suelo. Por regla general, el alumno o alumna adquiere rápidamente la destreza cuando capta la idea de que un pañuelo estará siempre en el aire, mientras atrapa el otro pañuelo y lanza otro más.

LANZAR-ATRAPAR

Agarrar

Materiales: Pelota de papel (1 por niña o niño).

Una hoja de papel, hecha una pelota, sirve para que los alumnos adquieran práctica atrapando cosas.
La pelota de papel de periódico tiene la forma de un balón, pero no tiene la fuerza de un balón auténtico. Haz que practiquen lanzando y agarrando una pelota de papel de periódico con estas actividades:

- Lanzar al aire la pelota; después, agarrarla con las dos manos.
- Lanzar al aire la pelota; después, sujetarla con la mano derecha.
- Lanzar al aire la pelota; después, atraparla con la mano izquierda.
- Ponerse frente a un compañero, con las puntas de los pies pegadas uno a otro. Por turno, lanzar la pelota de uno a otro y viceversa. Después de que ambos miembros de la pareja lancen y agarren bien la pelota, haz que den un paso hacia atrás. En el momento en que uno no atrape la pelota, ambos compañeros deben dar un paso hacia delante. La pareja sigue practicando el lanzamiento y la parada de la pelota hasta que ambos atrapen la pelota y puedan volver a dar un paso atrás.
- Hacer que los dos miembros de la pareja se pongan frente a frente, a unos 90 cm. Uno de ellos levanta una pierna para lanzar la pelota por debajo de la rodilla.
- Los dos miembros de la pareja permanecen frente a frente, a unos 90 cm. Pedir que uno se dé la vuelta. Se van lanzando la pelota por entre las piernas.
- Los dos miembros de la pareja permanecen frente a frente, a unos 90 cm. Pedir que uno de ellos se dé la vuelta. Se van lanzando la pelota por encima del hombro.
- Practicar estas mismas actividades con una bolsa de bolitas. Cuando hayan adquirido más destreza atrapando y lanzando la pelota de papel o la bolsa de bolitas, utilizar un balón de verdad.

Tejer una red

Materiales: Un ovillo de hilo.

Ordena a los niños en círculo (para esta actividad, pueden estar tanto sentados como de pie). Entrega a un alumno un ovillo de hilo. Demuéstrales cómo se sostiene el extremo del hilo con una mano y se lanza el ovillo con la otra. Cada vez que uno tome el ovillo, debe agarrar el hilo con una mano antes de lanzar el ovillo a un compañero. Cada alumna que haya lanzado el ovillo sigue sosteniendo el hilo mientras el ovillo sigue pasando a otros. El ovillo se lanza de un alumno a otro u otra al azar hasta que todos tengan agarrado el hilo. El resultado es una red.

❖ Primer día de clase

Prueba a realizar esta actividad el primer día de clase. Prepara preguntas que tengan que responder cuando tomen el hilo. Por ejemplo, la primera vez que la hagas, cada uno puede decir su nombre. Repite la actividad y haz que cada uno diga lo que ha hecho durante las vacaciones de verano o lo que quiere aprender durante el curso.

❖ Una variante divertida

Utiliza hilo negro. Haz que se sienten en el suelo, formando un círculo. Una vez tejida la red, haz que cada uno deje en el suelo la parte de hilo que le toque (manteniendo intacta la red). Entregales una araña de plástico para que la coloquen en la red. Pueden sentarse alrededor de la red, mientras se cuentan cuentos o se toman el bocadillo.

❖ Unidades de estudio

Utiliza la actividad de la red como medio para conseguir que todos participen en el tema que estéis estudiando. Utilízala antes de empezar una unidad nueva, mientras rellenas un "SQA" (qué *sabes*, qué *quieres saber* y qué has *aprendido*). También se puede utilizar la actividad durante una unidad de estudio o después de ella, para hacer que cada niña o niño te diga lo que ha aprendido o la parte que prefiere de la unidad. El uso de esta técnica exige que, al final, todos los alumnos y alumnas acaben participando.

¡El estrellato!

Materiales: Ovillos de hilos de distintos colores.

A los niños les gustará mucho crear una estrella grande, y suave mientras practican sus habilidades de lanzar y agarrar.

Organizar a los alumnos en grupos de cinco, tal como aparece en la imagen. Numera cada grupo, del 1 al 5, y haz que miren hacia el interior del grupo (quizá sea conveniente pegar el número de cada uno con cinta adhesiva para ayudarles a recordarlo). Es útil pegar en el suelo o en la alfombra unas flechas. Empieza por el número 1 y haz que el niño o la niña tome el extremo del hilo mientras lanza el ovillo al número 2; este, al 3; el 3, al 4; el 4, al 5, y este, al 1. Rota las líneas. Repite con hilos de distintos colores. También puedes hacer que digan nombres de cosas del color del hilo que se esté lanzando.

Ten preparada una cámara para hacer una foto cuando terminen la estrella. Les encantará ver después la estrella que han formado.

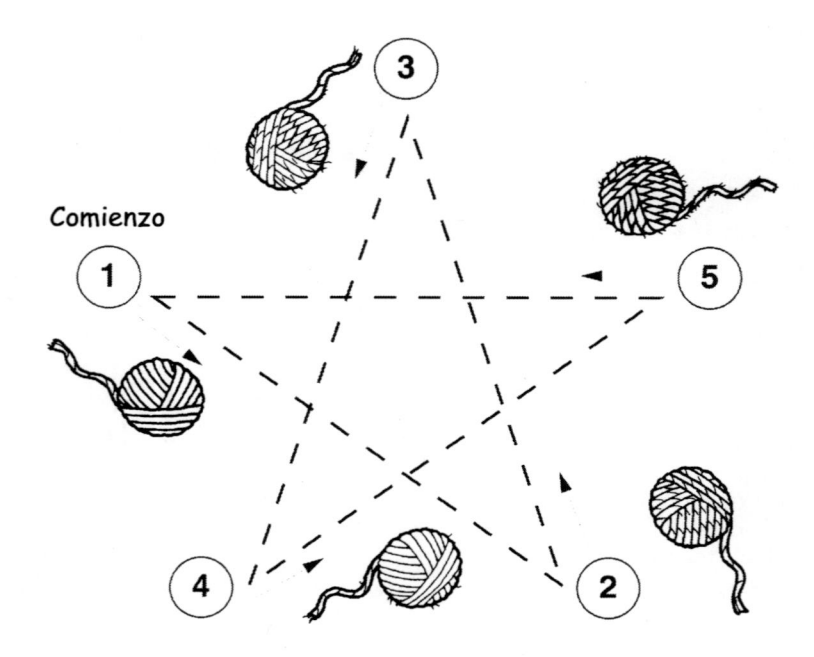

El balón de las palabras

Materiales: Un balón de playa. Un rotulador indeleble.

En esta actividad, los alumnos y alumnas lanzan y atrapan un balón de playa mientras practican algunas habilidades básicas. Decide qué habilidad quieres que practiquen. Rotula un balón de playa con palabras, letras o números relacionados con la habilidad (escribe en el balón con un rotulador indeleble). Haz que todos formen un círculo.

Explícales que cada uno tiene que lanzar el balón a otro, que lo recibirá. Los alumnos y alumnas siguen lanzando y atrapando el balón hasta que oigan una señal. El alumno que tenga el balón en ese momento lee la palabra, letra o número escrito en el balón que esté más próximo a su pulgar derecho. Entonces da una respuesta que corresponda a la habilidad que se esté practicando.

Puedes utilizar balones de playa para que practiquen diferentes actividades como: la identificación de letras; los sonidos de las letras; operaciones matemáticas (sumas, restas…); palabras de ortografía difícil; palabras que rimen, etc.

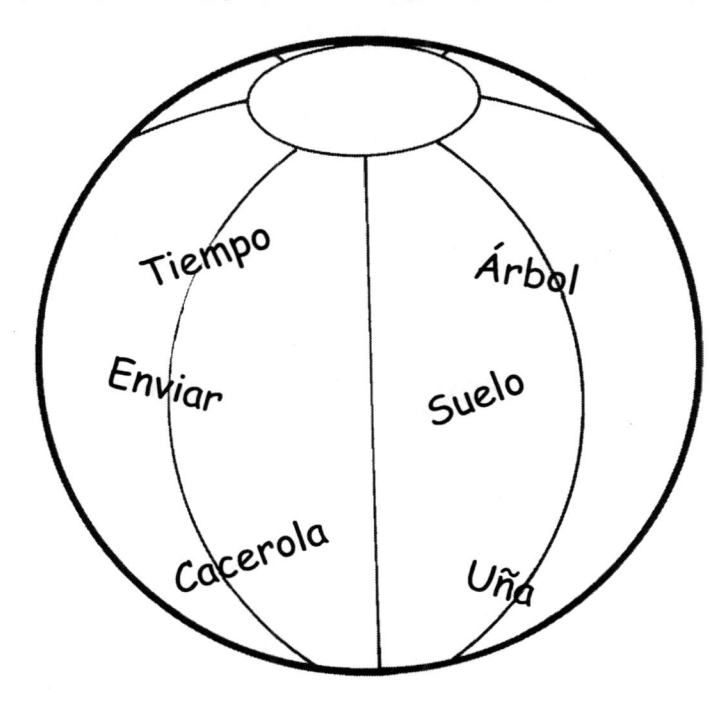

LANZAR-ATRAPAR

El *ping-pong* de las latas

Materiales: Latas de bebida o de alimentos (2 por alumna o alumno). Pelota de *ping-pong*.

Utiliza dos latas limpias (asegúrate de que las latas no tengan bordes cortantes). Mete una pelota de ping-pong en una lata. Lanza la pelota por encima de la cabeza y trata de alcanzar la pelota con la otra lata. Pon en marcha el cronómetro. Comprueba quién atrapa la pelota el mayor número de veces en el tiempo prefijado. Reta a cada alumna y alumno a botar primero la pelota de *ping-pong* sobre una mesa para tratar de alcanzarla con la lata.

Los alumnos pueden hacer una actividad similar con un compañero o compañera. Haz que cada alumna o alumno tire la pelota de *ping-pong* al otro u otra. Empieza haciendo que un alumno o alumna lance la pelota con la mano. El compañero o compañera trata de atrapar la pelota con la lata. Cuando ambos miembros de la pareja sean capaces de lanzar la pelota con la mano con relativa facilidad, hacer que traten de tirar la pelota con la lata para que la recoja su compañero o compañera con la mano o con la lata.

Échala a rodar y párala

Materiales: Pala (1 por alumna o alumno).
Pelota de espuma (1 por alumna o alumno).

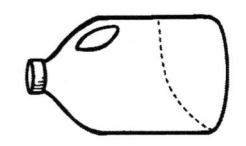

Haz una pala recortando parte del fondo de una garrafa de agua o de algún producto de limpieza que tenga asa (lejías, suavizantes, detergentes líquidos, etc.), y asegúrate de que esté bien limpia (mira el dibujo). Entrega a cada alumna y alumno una pelota de espuma (asegúrate de que la pelota entre con facilidad en la pala). Empieza haciendo que dos alumnos se sienten uno frente a otro, a una distancia de metro y medio, aproximadamente.

Uno de los miembros de la pareja rueda la pelota y el otro trata de recogerla con su pala. A continuación, saca la pelota de la pala y la echa a rodar hacia su compañero o compañera. Los alumnos o alumnas pueden practicar el rodaje y la parada de la pelota hasta que adquieran la habilidad suficiente para parar la pelota en todas las ocasiones. Después, hacer que los alumnos se alejen más, dejando entre ellos una distancia de unos 3 m.

Lánzala y atrápala al vuelo

Materiales: Pala (1 por alumna o alumno). Bolsa de bolitas o pelota de espuma (1 por alumna o alumno).

Cada niño puede practicar el lanzamiento de una pelota o bolsa de bolitas al aire y su recogida con la pala. Se sostiene la pala y la lleva hacia arriba y hacia abajo y trata de recoger la pelota o la bolsa con ella.

Forma parejas para que jueguen a lanzar y atrapar al vuelo. Empieza haciendo que los alumnos o alumnas dejen entre sí una distancia equivalente a la longitud del brazo (unos 30 cm.). En cuanto que ambos miembros de la pareja sean capaces de recoger la pelota con su pala, haz que den un paso atrás. Cada vez que lancen y recojan correctamente la pelota o bolsa, tienen que dar un paso atrás. Observa hasta qué distancia pueden atrapar la pelota.

Las bolsas de bolitas

Otra forma muy buena de iniciar a los alumnos y alumnas en el lanzamiento y recogida de objetos consiste en utilizar bolsas de bolitas. Las bolsas de bolitas pueden hacerse de cualquier tamaño y no son tan peligrosas como un balón al lanzarlas o agarrarlas. Es necesario tener preparadas bolsas de distintas texturas, tamaños y colores y dejar que cada alumna o alumno escoja la que prefiera. Hay distintas maneras de hacerse con bolsas de bolitas, así que no se preocupe si no sabe coser.

❖ Hechas en casa

Si sabes coser, te resultará fácil hacer bolsas de bolitas. En la página siguiente, se muestran plantillas sencillas para hacer bolsas de este tipo. Hay que tener presente el tamaño adecuado de las bolsas según la edad de los niños. Copia las plantillas en cartulina y recórtalas. Después, traslada el patrón a la tela (¡es una buena oportunidad para utilizar retales!) contorneando la plantilla. Necesitarás dos recortes de tela por cada bolsa. Si es posible, utiliza una máquina de coser. Junta las dos siluetas de tela, dejando hacia el exterior las caras que prefieras y cóselas. Deja una abertura para introducir el relleno que quieras meter. Cose la abertura para cerrar la bolsa. Las bolsas de bolitas suelen rellenarse con abalorios; no obstante, piensa en la posibilidad de utilizar distintos materiales que den una sensación diferente al tacto: arroz, bolitas de poliestireno, clips, pasta alimenticia, arena o papeles arrugados.

❖ Reutilizadas

Una forma muy sencilla de hacer una bolsa de bolitas es utilizar una bolsa de plástico que pueda volver a cerrarse. Introduce abalorios o el relleno que prefieras en la bolsa. Extrae todo el aire que puedas, apretando la bolsa. Después, ciérrala. A continuación, introduce esa bolsa en otra bolsa de plástico que pueda volver a cerrarse, para ponerle una segunda capa de protección contra desgarrones. Estas bolsas no aguantarán el desgaste al que las someterán los niños con un uso repetido; no obstante, estas bolsas de plástico sí sirven para una actividad o acontecimiento en el que no te resulte fácil conseguir bolsas cosidas.

Nota de seguridad: Ten en cuenta que siempre debe estar un adulto presente cuando los niños utilicen bolsas de bolitas de plástico.

Plantillas para hacer bolsas de bolitas

LANZAR-ATRAPAR

Manejo de las bolsas de bolitas

Materiales: Bolsa de bolitas (1 por niña o niño).

Empieza haciendo que todos los alumnos y alumnas se acostumbren a las sensaciones que producen las bolsas de bolitas. Demuéstrales cómo se lanza la bolsa al aire a poca altura (unos 15 cm.). Después, haz que cada uno trate de lanzar la bolsa. Anímales a lanzar la bolsa al aire para alcanzar cada vez mayor altura.

❖ Lanzamiento a un compañero o compañera

Forma parejas de alumnos y haz que se pongan de pie, uno frente al otro, a la distancia de la longitud de un brazo. El primer niño lanza una bolsa de bolitas al otro. Si éste agarra la bolsa, se la lanza, a su vez, a su compañero. Cuando ambos niños hayan lanzado y atrapado la bolsa, los dos dan un paso atrás. La pareja sigue lanzando, atrapando y dando pasos hacia atrás hasta que se produzca un fallo. Si cualquier miembro de la pareja falla, los dos dan un paso hacia adelante.

❖ Manipulación de la bolsa

Haz que cada alumna o alumno mantenga la bolsa de bolitas en equilibrio sobre el dorso de la mano. El alumno o alumna mueve la mano para que la bolsa se caiga y trata de agarrarla con los dedos de la misma mano. Haz que empiece a practicar con la mano dominante, pasando después a la mano no dominante.

Cuando haya aprendido a controlar sus lanzamientos, pedir que realice las actividades de lanzar y agarrar de las páginas siguientes.

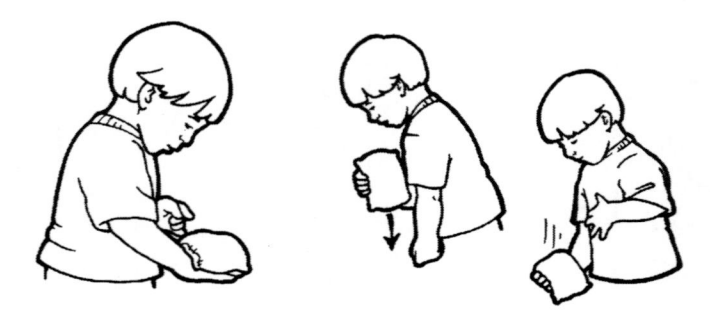

Pila de latas

Materiales: 1-3 bolsas de bolitas. 6 latas vacías. Tiza o cinta adhesiva de pintor.

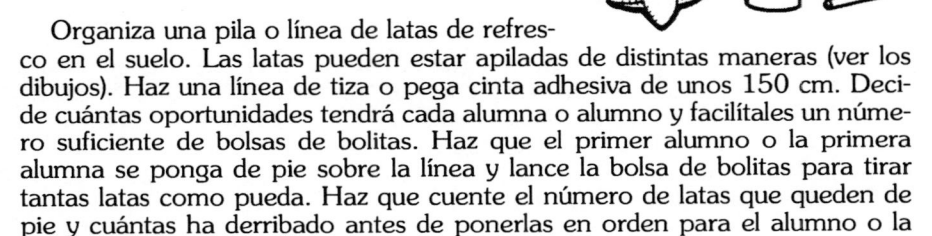

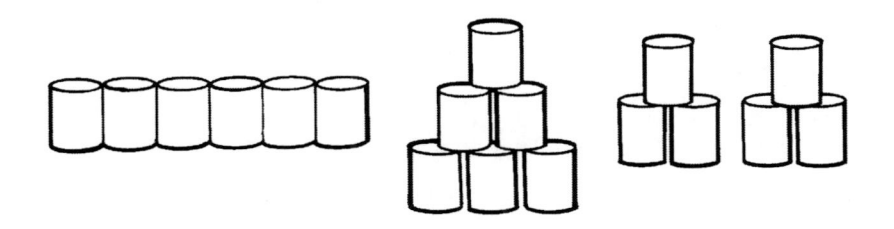

Organiza una pila o línea de latas de refresco en el suelo. Las latas pueden estar apiladas de distintas maneras (ver los dibujos). Haz una línea de tiza o pega cinta adhesiva de unos 150 cm. Decide cuántas oportunidades tendrá cada alumna o alumno y facilítales un número suficiente de bolsas de bolitas. Haz que el primer alumno o la primera alumna se ponga de pie sobre la línea y lance la bolsa de bolitas para tirar tantas latas como pueda. Haz que cuente el número de latas que queden de pie y cuántas ha derribado antes de ponerlas en orden para el alumno o la alumna siguiente.

Si la distancia es demasiado grande y los alumnos y alumnas tienen dificultades para derribar las latas, mueve hacia adelante la línea de tiza o de cinta adhesiva. Si la distancia es excesivamente pequeña, retrasa la línea.

Más altura: Emplea tableros y cajas de cartón para variar la altura de las latas apiladas.

Más peso: Cuando los niños aprendan a hacer lanzamientos más fuertes, puedes utilizar como diana botellas de refrescos de 2 litros, con un poco de arena en la base para que pesen más.

Tiro al bote

Materiales: Ollas, bandejas, cestos vacíos o recipientes. Bolsas de bolitas (3-4).

Monta un juego con cosas que ya tienes en casa o en el aula. Reúne diversos recipientes. Puedes utilizar ollas, bandejas, recipientes de plástico, cajas de diferentes tamaños, cuencos de plástico, etc. Reúne también bolsas de bolitas para lanzarlas. El juego consistirá en colocar varios recipientes en fila a distintas distancias. Puedes experimentar con esta parte del juego o dejar que los niños te ayuden a montarlo.

Pon tres recipientes en fila. Un alumno lanza la primera bolsa de bolitas al primer recipiente. Después, lanza la segunda bolsa al segundo recipiente. Por último, lanza la tercera bolsa al tercer recipiente.

Variaciones

Con los alumnos y alumnas mayores o quienes controlen muy bien la bolsa de bolitas, utiliza recipientes de abertura estrecha.

Esta actividad también puede realizarse con pelotas pequeñas. Las pelotas suponen un reto añadido porque los alumnos y alumnas tendrán que controlar realmente el tiro para que las pelotas no boten en los recipientes y se salgan de los mismos.

Haz que tus alumnas y alumnos practiquen el tiro de las bolsas sobre *hula-hoops* que se hayan dejado en el suelo. Dispón los aros de diversas maneras.

Tiro al blanco

Materiales: Una bolsa de bolitas o disco de plástico. Tiza o cinta adhesiva. Papel. Bolígrafo o lápiz.

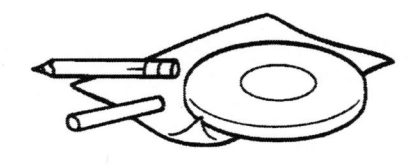

Con tiza o cinta adhesiva, dibuja en el suelo una diana. Asigna valores en puntos a cada círculo concéntrico de la diana. Emplea tu creatividad, haciendo distintas dianas y asignando diferentes valores. Cada alumna o alumno tiene que situarse detrás de una línea de lanzamiento, de cara a la diana (dibuja la línea teniendo en cuenta la edad y las habilidades de tus alumnos). Por turno, cada uno lanza la bolsa de bolitas y suma puntos. Anota los puntos en un papel. Puede jugarse con un número determinado de turnos, hasta un número prefijado de puntos o simplemente para divertirse.

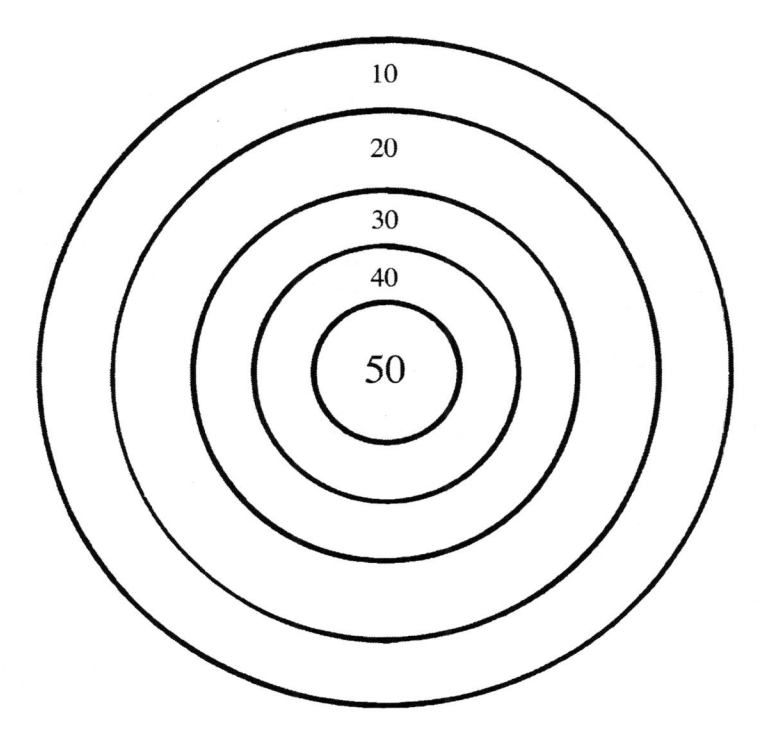

Que ruede la pelota

Materiales: Una pelota.

Para este juego, prepara una zona en la que los alumnos puedan sentarse en círculo (sin obstáculos en el centro del mismo). Haz que se sienten en el círculo con las piernas cruzadas y tocándose las rodillas. Haz que cada niño practique haciendo rodar y pasando la pelota a través del círculo.

Crea un juego en el que tus alumnos practiquen una habilidad sobre algún tema que se esté trabajando en clase. Por ejemplo, pueden practicar la suma mientras hacen rodar la pelota a través del círculo. Un alumno comienza el juego echando a rodar la pelota a través del círculo hacia otro compañero. Este niño inicia un problema sencillo de aritmética cuando atrapa la pelota, diciendo el primer número que habrá que sumar, como el "1". A continuación, echa a rodar la pelota hacia otro compañero que la agarra y dice la operación que se utilizará en el problema, como "más". El juego continúa, añadiendo cada alumna que recibe la pelota otro elemento de la operación, hasta que uno de ellos da la solución del problema y se inicia otro problema diferente. Por ejemplo, el primer problema puede ser: la alumna n.º 1 dice: "1"; la n.º 2, dice: "más"; la n.º 3 dice: "1"; la n.º 4 dice: "igual a", y la n.º 5 dice: "2".

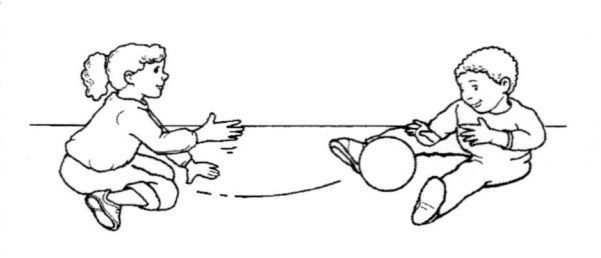

Adapta el juego a los temas que se estén estudiando en clase. Por ejemplo, los alumnos y alumnas pueden practicar:

- Nombrar objetos de un color determinado
- Nombrar objetos de una categoría concreta (animales, alimentos, etc.)
- El alfabeto
- Palabras que empiecen por la misma letra
- Contar hacia adelante o contar hacia atrás
- Contar de 2 en 2, de 5 en 5 o de 10 en 10

La bolera

Materiales: Botellas de plástico de 2 litros (de 6 a 10 por grupo). Pelotas (1 por grupo). Arena, alubias o cuentas.

Utiliza las botellas de 2 litros como bolos, disponiéndolas de distintas maneras. Empieza haciendo que tus alumnos se sitúen a unos 150 cm. de los bolos. Uno de ellos echa a rodar la pelota, tratando de derribar los bolos. Puedes hacer que cada uno levante todos los bolos después de haber derribado alguno o que trate de derribar los que queden en pie antes de levantarlos de nuevo (la segunda forma es más difícil, por lo que puedes dejar esta opción para más adelante). Anímales a que practiquen este juego muchas veces. Con el tiempo, se puede aumentar el interés del juego alejando progresivamente los bolos de la línea de salida de la pelota.

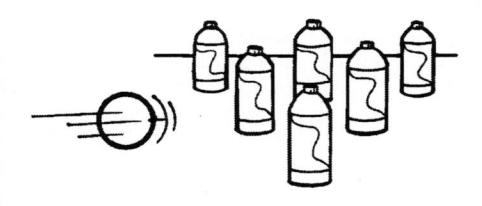

Llena las botellas de 2 litros con arena o cuentas (hasta una altura de entre 2,5 y 5 cm.). Esto hará más difícil derribar los bolos. Para ello, los niños tendrán que lanzar con más fuerza o jugar con una pelota más pesada.

Rodando por el ruedo

Materiales: Un balón.

Haz que formen un círculo, mirando todos hacia el centro. Cada uno tiene que estar de pie, con las piernas abiertas, dejando un espacio equivalente al de la anchura de la espalda. Los pies de cada alumna o alumno tienen que estar tocando los pies del compañero o compañera que tenga a cada lado. Se empieza lanzando el balón al círculo.

El objetivo del juego es hacer rodar el balón, colándolo entre las piernas de otro alumno. Si el balón no pasa entre las piernas, queda eliminado y el círculo se reduce. El juego continúa hasta que quede un solo alumno.

Fútbol con pelotas de papel de periódico

Materiales: Papel de periódico. Tiza o cinta adhesiva de pintor. Caja de cartón.

Para practicar los tiros con las piernas, utiliza papel de periódico arrugado. Es una forma excelente de iniciar a los niños en el control de la patada. Al niño le resulta difícil conseguir mantener quieto un balón para darle una patada; sin embargo, la pelota de papel de periódico se queda quieta. Pon la pelota en el suelo para que cada niño practique el tiro con las piernas. Cuando alguno sea capaz de chutar con la pelota, haz que realice algunas de estas actividades:

- Preparar una portería a la que pueda tirar la pelota de papel de periódico. Una caja de cartón puesta de lado en el suelo es una portería fácil de hacer y barata.

- Pasar la pelota de papel entre varios alumnos.

- Dibujar una línea con tiza o colocar una tira de cinta adhesiva en el suelo. Hacer que cada alumna trate de llevar la pelota de papel con el pie siguiendo la línea. Rétalos a que mantengan la pelota siguiendo una línea lo más recta posible. Haz que la alumna o el alumno repita la actividad, dando patadas a la pelota al lado de la línea. Haz también una línea ondulada para que la siga el alumno o alumna.

- Preparar una carrera de obstáculos para que cada alumna o alumno lleve la pelota alrededor de los mismos. Haz que lleve la pelota con los pies alrededor de sillas, bajo pupitres y a través de túneles de cajas de cartón. Forma equipos que compitan en relevos o cronometra a cada alumna o alumno individualmente. Observa si cada alumna o alumno puede batir sus propias marcas.

Cuando un niño adquiera la destreza suficiente para llevar con los pies la pelota de papel de periódico, haz que trate de realizar las mismas actividades con un balón de verdad.

Prueba a realizar las mismas actividades con una escoba. El alumno o la alumna empuja la pelota de papel con la escoba. De este modo, trabaja el movimiento del brazo.

Globo al aire

Materiales: 1 globo.

Haz que los niños se pongan de pie, formando un círculo. Bota un globo en el centro del círculo y haz que empleen las manos para mantener el globo en el aire. Rétales para ver cuánto tiempo pueden mantener el globo en el aire. Establece con ellos unas reglas que determinen qué niño podrá tocar el globo. Por ejemplo, no podrán pisar dentro del círculo o, si este es muy grande, solo podrán dar un paso dentro de él. Asegúrate de que quede muy clara la determinación de los turnos, porque, cuando el globo se acerque a dos niños, ¡seguro que ambos irán por él!

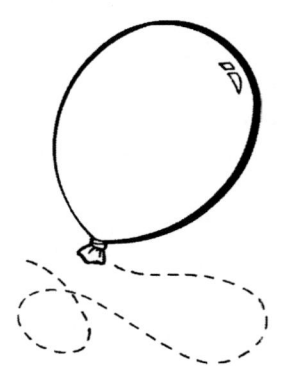

A partir de esta actividad, crea un juego, aprovechando alguna de las sugerencias siguientes. La maestra o el maestro bota el globo en el centro del círculo y menciona la norma del juego. Por ejemplo, puede decir: "Contar". El primer alumno o alumna que toque el globo dice: "Uno". El siguiente toca el globo y dice: "Dos". Si un alumno no puede dar una respuesta, tiene que sentarse en el círculo. Cuando todos estén sentados, comienza de nuevo el juego, cambiando quizá la norma.

El profesor debe establecer sus propias normas, de acuerdo con la unidad de estudio que se esté viendo o utiliza alguna de las variantes que aparecen a continuación.

Variantes

Alfabeto: Cada o alumno dice la letra siguiente del alfabeto.

Colores: La maestra nombra un color; cada niño nombra un objeto que tenga ese color.

Formas: Si nombra una forma; cada alumno nombra un objeto que tenga esa forma.

Sonidos: Si nombra una letra; cada alumna nombra algo que empiece por esa letra.

Sumas: Si nombra una suma; cada alumna o alumno dice sumandos que den esa suma.

© narcea, s.a. de ediciones

Voleibol con globos

Materiales: Cuerda. Globos inflados de colores: verde, naranja y morado.

Utiliza la cuerda para hacer una "red", atándola a dos sillas o a otra cosa que la sostenga (como una puerta de entrada, un caballete o un atril). Si hay una zona alfombrada para que se sienten los niños, pon la cuerda a 90 cm. del suelo. Si los niños están de pie, coloca la cuerda a metro y medio.

Se trata de un juego informal en el que los niños tratan de batear el globo a un lado y a otro de la red. Pueden usarse dos globos a la vez para dar variedad a la actividad.

Se marca un punto cuando el jugador que está a un lado de la red no consigue devolver el globo. El globo puede batearse tantas veces como sea necesario para devolverlo por encima de la red.

Batea sobre el cono

Materiales: Cono. Pelota. Bate de plástico. Tiza.

Coloca una pelota encima de un cono. El cono hará de soporte de la pelota. Un niño usa un bate de plástico para tratar de darle a la pelota y derribarla de su soporte. Esta actividad requiere mucha coordinación oculomanual (con los niños muy pequeños, puedes prescindir del bate, y hacer que el niño golpee la pelota con el puño). Utiliza una pelota grande con los niños pequeños o al presentar la actividad. Cuando los niños adquieran más destreza y bateen con éxito la pelota, introduce una pelota más pequeña.

Esta actividad se debe realizar en un área espaciosa. Se puede crear una zona de seguridad. Con una tiza, dibuja un cuadrado alrededor de la zona de bateo. Explica a los niños y niñas que no pueden entrar en el cuadrado mientras otro niño o niña esté bateando. Esto ayudará a mantener a salvo a todos los niños y niñas, evitando que reciban un golpe accidental.

Cuando los alumnos adquieran destreza y golpeen la pelota, derribándola del cono, presentarles la actividad "Conobol" que se presenta a continuación.

Zona de seguridad

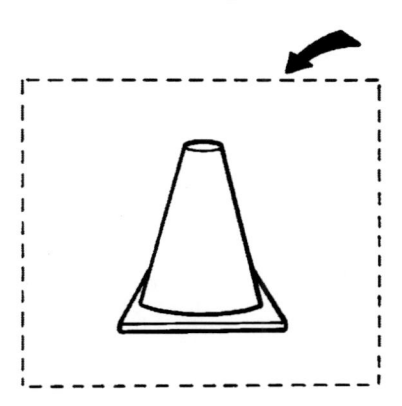

"Conobol"

Materiales: Cono. Pelota. Bate. 4 bases.

Esta actividad es una versión simple del béisbol. Establece el área de juego con cuatro bases (ver el dibujo). El cono se coloca en la base inicial (*home*). Divide a los alumnos en dos equipos y decide qué equipo bateará primero. El otro equipo se despliega por el jardín. Cuando presentes esta versión del béisbol, no dejes que los alumnos ocupen las bases. En esta versión sencilla no hay eliminaciones (*outs*). El equipo que está en el jardín solo está allí para recoger la pelota y devolverla a la base inicial.

Para empezar a jugar, colocar un cono con la pelota sobre él en la base inicial. El primer jugador trata de darle a la pelota sacándola del cono. Golpeada la pelota, el jugador corre a la primera base. Se debe conseguir que permanezca en la primera base hasta que un segundo jugador haya golpeado la pelota. Después, el jugador de la primera base corre a la segunda base y el que ha golpeado la pelota corre a la primera base. Sigue el juego hasta que todos los niños y niñas del equipo hayan disfrutado de un turno. A continuación, haz que se intercambien los equipos.

Las bases pueden ser cualquier cosa que destaque una zona. Se pueden hacer bases a partir de objetos de: plástico, bolsas que puedan volver a cerrarse rellenas de arena, trapos arrugados, conos, muestras de alfombras, etc.

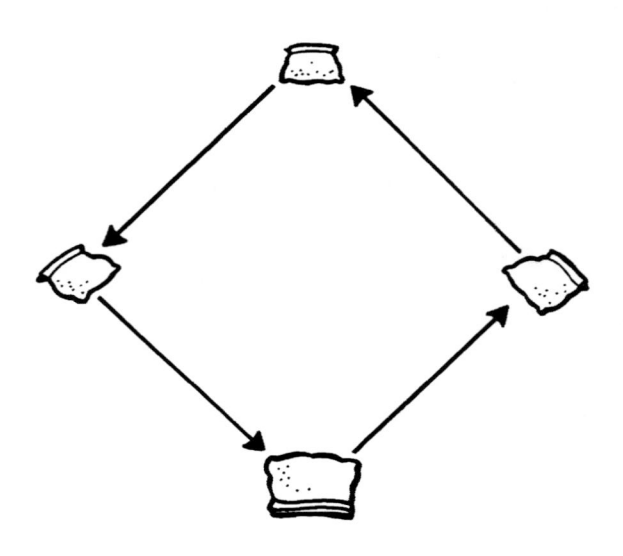

Piñatas

Materiales: Piñata. Dulces o juguetes.
Bate de plástico o palo de escoba.
Cuerda.

En fiestas, celebraciones e incluso en días normales, una piñata puede ser un acontecimiento especial que también facilita la práctica del bateo. Comprar una piñata es la forma más sencilla de hacerse con una; no obstante, si quieres hacerla tú es también muy sencillo.

Enhebra una cuerda a través de la abertura que hay en el extremo superior de la piñata. Suspende la piñata de un lugar elevado, como el techo, una rama de árbol o una canasta de baloncesto. Explica bien los procedimientos de seguridad. Establece una zona de seguridad alrededor de la piñata y asegúrate de que los niños sepan que, cuándo se rompa la piñata, pueden coger las cosas que caigan de ella. Deja que, por turno, cada uno golpee la piñata con un bate de plástico o un palo de escoba.

Tradicionalmente, el jugador que golpea la piñata lleva los ojos tapados. Para romper la piñata, hará falta una combinación de fuerza y coordinación oculomanual, por lo que, si son pequeños, quizá sea mejor no vendarles los ojos. La idea es facilitar la práctica del bateo, por lo que cuanto más tiempo esté intacta la piñata, más podrán practicar.

En vez de utilizar dulces, se puede introducir otros regalos. Comprar regalos baratos (uno por cada niño). Ponle a cada uno un número diferente. Coloca los regalos en una caja tapada. Después, recorta cuadrados de papel charol de diversos colores. Escribe un número en cada uno de ellos, de manera que los números de los cuadrados de papel se correspondan con los de los regalos. Enrolla los cuadrados, introduce cada uno en un sobrecito o ponle a cada rollito de papel una anilla de goma y métolos en la piñata, como harías con los dulces. Cuando el niño o la niña tenga un número, puede cambiarlo por el regalo.

4. Equipamiento para jugar al aire libre

El juego al aire libre es una extensión de la clase y hay que pensarlo cuidadosamente en beneficio de las experiencias de aprendizaje y la seguridad de los niños. El juego, aunque sea con equipos estáticos en el patio de recreo, puede utilizarse para enseñarles todo el conjunto de movimientos que el cuerpo es capaz de ejecutar, así como para promover un estilo de vida saludable y activo. Es sano que los niños salgan al exterior siempre que se pueda.

El juego al aire libre debe practicarse al menos una vez al día, incluso aquellos que no siempre son los ideales. Pasar algo de tiempo bajo la lluvia, la nieve o el viento es bueno para los niños, siempre que vayan vestidos adecuadamente.

Mediante el uso de equipos, tanto estáticos (como los toboganes y columpios) como móviles (como las combas o saltadores y los *hula hoops*), los alumnos y las alumnas pueden vivir muchas experiencias. Jugando, pueden aprender muchas cosas, como:

- **Dirección, sentido y situación:** arriba, abajo, aquí, allí, alto, bajo, dentro, fuera, debajo, encima, a través de, alrededor de.
- **Resolución de problemas:** cómo ir de un lugar a otro, cómo manipular una nueva pieza del equipo o cómo manipular una pieza del equipo de otra manera.
- **Habilidades sociales:** seguir el turno, estimular, compartir.
- **Consciencia del cuerpo:** cómo manejar el cuerpo en relación con el equipo, cómo manejar el cuerpo en relación con otros niños.
- **Imaginación:** simular.

Como el equipamiento de las escuelas no es igual en todas, es difícil presentar actividades que tengan unos requisitos específicos. Las páginas siguientes hacen sugerencias generales de seguridad y de las actividades más habituales en los centros escolares.

Echa un vistazo por tu escuela. A veces, hay equipos comprados hace muchos años que están olvidados en armarios o almacenes. Te sorprendería la cantidad de equipamientos que pueden encontrarse, por no hablar de formas diferentes de utilizar el equipo existente.

Consideraciones generales de seguridad

El equipamiento del patio de recreo debe inspeccionarse regularmente por motivos de seguridad. ¡La prevención es la mejor medicina!

Todas las estructuras de juego para los niños pequeños deben:

- Estar bien acabadas, con esquinas lisas para evitar astillas y cortes.
- Estar construidas sin elementos salientes, como clavos o barras de acero, que podrían causar heridas.
- Estar colocadas sobre una superficie que amortigüe los choques, como arena, gravilla, esteras de goma o corteza de pino granulada (ningún aparato que separe a los niños del suelo debe estar sobre una superficie dura).
- Facilitar a los niños un buen equilibrio y asideros seguros para subir y bajar.
- Disponer de un descansillo cómodo donde haya una transición de una a otra actividad (p. ej.: la plataforma en la parte superior de un tobogán).
- Presentar, a veces, alternativas a las escaleras (las escalares les gustan mucho a los niños más pequeños, pero a los que son un poco mayores les gusta tener la oportunidad de trepar de otra manera, como plataformas graduadas o redes de cuerda).

Estructuras para trepar

Si es posible, no construyas ni compres equipamientos para niños pequeños que tengan una caída vertical mayor de 2,5 m. Cuando las estructuras conduzcan a los niños y niñas a niveles de 80 cm. o más sobre el suelo, las estructuras deben:

- Tener un revestimiento exterior adecuado a la edad y el tamaño de los niños y las niñas. Para los niños de edades comprendidas entre 3 y 6 años, el revestimiento debe tener una altura de 70 a 80 cm.
- Tener un revestimiento sólido o hecho de tableros verticales para impedir que trepen por el revestimiento.
- Carecer de barras horizontales que permitan a los niños trepar a mayor altura que la prevista.
- Disponer de vías seguras para pasar de una parte de la estructura a otra.
- Tener un buen asidero de un diámetro aproximado de 4 cm.
- Disponer de plataformas con un suelo sólido, de manera que no pueda caer arena ni gravilla sobre los niños y niñas que jueguen más abajo.
- Tener un diseño que no sitúe en paralelo un tobogán y una escalera. Así se impedirá que salten de la escalera al tobogán.
- Carecer de plataformas abiertas adyacentes a columpios.
- Tener tableros y barras de cierre que impidan que los niños puedan quedarse atascados por la cabeza o los brazos entre ellos (unas aberturas de entre 11 y 25 cm. pueden causar graves daños).
- Disponer de conexiones firmes y seguras en las redes de cuerda para trepar o de suspensión.
- Tener superficies lisas 2 m. por arriba y por debajo, más allá del equipamiento que creen una zona de seguridad.

Nunca se debe elevar o subir a un niño hasta una parte del equipamiento a la que no pudiera llegar por su cuenta. Cuando sea capaz de hacerlo, ya lo utilizará.

Actividades

Al utilizar equipos para trepar, los niños descubren cómo se mueve el cuerpo. Desarrollan conceptos como: arriba-abajo, alto-bajo, dentro-fuera-alrededor, encima-debajo y atrás-de lado-adelante.

Adquieren el sentido de la seguridad cuando aprenden a evitar los columpios en movimiento o a saltar de las barras horizontales y a caer en la arena con seguridad. Se fomenta la fuerza del brazo y de la pierna y se mejora la coordinación.

Las habilidades de resolución de problemas se desarrollan al aprender a trasladarse de un lugar a otro. A partir de aquí, crece el sentido de la exploración. Se pueden promover algunas de estas actividades en estructuras para trepar:

- ❖ Ata una campana a una cuerda en la parte superior de una estructura para trepar. Cuando una alumna alcance el extremo superior, dile que toque la campana.

- ❖ Haz que trepen hasta el extremo superior de la estructura. Cuando el niño sea capaz de trepar hasta el extremo superior con relativa facilidad, dile que cuente cuántos pasos tiene que dar para llegar a la parte superior y cuántos, para descender. ¿Hay que dar más pasos para subir o para bajar?

- ❖ Haz que el alumno o la alumna trepe por la estructura, avanzando siempre con el mismo pie. Por ejemplo, empieza con ambos pies en el suelo. Utiliza el pie derecho para subir por la estructura. Después, pon el pie izquierdo en el mismo escalón en el que estaba el derecho. A continuación, utiliza el pie derecho para dar el paso siguiente. Sigue el mismo patrón hasta que llegue al extremo superior. Pídele que haga lo mismo al bajar. Si el espacio entre escalones lo permite, haz que el alumno o la alumna trepe por la estructura alternando ambos pies.

- ❖ Reta al alumno o alumna a pasar de una parte de la estructura para trepar a otra dando el menor número posible de pasos.

- ❖ Haz que el alumno o la alumna avance mirando la estructura para trepar mientras vaya subiendo. Cuando baje, insístele en que lo haga también de cara a la estructura.

Toboganes

A los niños les encantan los toboganes. Al utilizarlos, aprenden a esperar su turno, así como vocabulario, como las palabras "rápido", "lento", "arriba" y "abajo". Cuando enseñes el tobogán a los niños pequeños, escoge uno que sea de altura y longitud adecuadas a su edad y corpulencia. No obligues a ningún niño o niña a subir a un tobogán si no quiere bajar por él.

Al deslizarse por un tobogán, el niño o la niña debe sentarse mirando hacia adelante, nunca hacia atrás.

Consideraciones generales de seguridad

Todos los toboganes deben:

- Disponer de una plataforma cerrada de "salida" en su parte superior que haga prácticamente imposible que se caiga ningún niño.
- Tener una barrera que rodee la parte superior del tobogán que anime a sentarse para deslizarse.
- Tener unos laterales de entre 8 y 15 cm. de la longitud de la superficie deslizante para impedir que los niños se caigan rodando.
- Carecer de barras a lo largo de los laterales que puedan enganchar los brazos o piernas extendidos.
- Presentar una pendiente de unos 40º que permita tomar velocidad sin poner en peligro al niño o a la niña.
- Tener un trayecto final en la base que facilite una llegada suave, frenandole hasta una velocidad de paseo en la salida del tobogán. El borde final debe ser redondeado.
- Estar construido con una sola plancha de acero inoxidable, siempre que sea posible, de manera que los niños no corran el riesgo de cortarse en las uniones de las planchas metálicas.

- Tener una superficie deslizante pulida que no se desgaste con el uso frecuente.
- Disponer de una zona de seguridad que se extienda a más de 2 m. del borde de salida del tobogán.
- Disponer de una zona de seguridad de 1 m., como mínimo, a ambos lados del lateral protector del tobogán.
- Carecer de tornillos o remaches metálicos u otros salientes visibles en la superficie deslizante o en los laterales.
- Estar situados en áreas abiertas que no estén expuestas a la luz directa del sol durante largos períodos del día. Un tobogán nunca debe estar instalado de cara al sur, porque, con frecuencia, las superficies estarán demasiado calientes para resultar cómodas.

La mejor manera de iniciar a los niños en el uso de los toboganes es dejarlos que observen cómo se desenvuelven otros niños. Cuando esté dispuesto, haz que un adulto vaya con el niño las primeras veces. El adulto hace el oficio de red de seguridad al subir a la plataforma superior, así como al deslizarse por el tobogán. El adulto puede, incluso, bajar deslizándose junto con el niño o la niña. En ese caso, el niño debe quedar protegido entre las piernas de la persona adulta.

Actividades

❖ Haz que el niño o la niña suba los escalones que llevan a la plataforma superior. Entrégale un peluche. Haz que el niño suelte el peluche en el tobogán y que este se deslice por él. Al dejar que la niña o el niño controle el animal de peluche, verá el resultado de lo que ocurre cuando se desliza el peluche.

❖ Haz que la niña o el niño suba los escalones hasta la plataforma y se deslice hasta los brazos de una persona adulta que lo espere.

❖ Haz que el niño o la niña suba los escalones y que, después, descienda de nuevo por los escalones.

❖ Haz que la niña o el niño suba por el tobogán agarrándose a los laterales del mismo y utilizando los brazos para impulsarse ascendiendo.

❖ Reta a la niña o el niño a que baje por el tobogán lo más rápido que pueda y, después, lo más lento que pueda.

Columpios

Cuando se columpian, las niñas y los niños desarrollan el sistema vestibular. Este sistema ayuda a saber dónde se encuentra nuestro cuerpo en relación con otras personas u objetos. Los niños fortalecen también las manos y la parte superior del cuerpo. Cuando descubren que, si se sueltan, se caen del columpio, aplican los conceptos de causa y efecto. Los niños aprenden a compartir y a respetar los turnos. Cuando se montan en columpios y cuando empujan a los compañeros, se promueve el aprendizaje de cuestiones relativas a la seguridad. Los conceptos lingüísticos que se utilizan en relación con los columpios son: "alto-bajo", "rápido-lento" y "empujar". El niño puede utilizar la imaginación para jugar en la zona de los columpios si no hay otras personas que estén utilizándolos.

Consideraciones generales de seguridad

Todos los columpios deben tener:

- Un espacio amplio a su alrededor. Sitúalos en una área de 12 x 6 m., como mínimo. Un seto o una valla baja alrededor de los columpios puede impedir que los niños pequeños se cuelen en la trayectoria de un columpio en movimiento.

- Soportes en forma de "A" que sostengan los asientos de los columpios.

- No más de dos asientos colgados de una misma estructura, para minimizar los accidentes por topetazos.

- Asientos independientes colgantes en paralelo y separados, como mínimo, 1 m. para reducir los choques laterales.

- Asientos elevados sobre el suelo unos 41 cm., como mínimo, mientras se estén utilizando.

- Asientos construidos con materiales o superficies que absorban los impactos en todas las zonas de contacto.

- Sujeciones fiables (grilletes o cierres a tornillo, no ganchos en "S") en los mecanismos de suspensión que no se abran sometidos a tensiones y que puedan asegurarse para evitar que los aflojen personas no autorizadas.

- Recubrimiento plástico de las cadenas.
- Aberturas entre eslabones de 8 mm. o menos, para evitar pellizcos en los dedos.

Actividades

❖ Haz que cada niño se columpie despacio y después deprisa.

❖ Cuando esté columpiándose, indícale que detenga el columpio lo más rápido posible.

❖ Haz que impulse el columpio solo con las piernas. Después, haz que impulse el columpio solamente con el cuerpo, sin utilizar las piernas.

❖ Enséñales canciones que puedan cantar mientras se columpian y a que hagan sus propias canciones.

❖ Haz que la alumna o el alumno se siente a caballito en el asiento del columpio para columpiarse. Dile que practique columpiándose hacia los lados, hacia adelante y hacia atrás en esa postura.

❖ Haz que la alumna se tienda sobre la barriga en el columpio. Dile que dibuje formas o letras en la arena del suelo. Esconde en la arena objetos diversos, como fichas de ositos para contar. Pregúntale cuántos objetos hay escondidos. Mientras busca los objetos ocultos, debe permanecer en el columpio, apoyado sobre la barriga.

Neumáticos convertidos en columpios

Hay muchas formas diferentes de utilizar un neumático como columpio. Pueden sentarse en el columpio de distintas maneras, como sentándose a horcajadas, tumbados o de pie. También pueden moverse en distintas direcciones: de lado a lado, de adelante atrás, en diagonal y dando vueltas. Pueden columpiarse a un ritmo fijo o a impulsos.

Los columpios estimulan el diálogo cuando la maestra se columpia con un niño o cuando dos niños se columpian juntos.

Condiciones generales de seguridad

No deben utilizarse neumáticos radiales con cinturón de acero. El alambre de acero del cinturón terminará atravesando el neumático y causando lesiones importantes. Si se utilizan estos neumáticos, hay que realizar inspecciones periódicas y exhaustivas.

Los neumáticos deben tener pequeños agujeros a distancias de entre 12 y 15 cm., que permitan el escurrido del agua, reduciendo así la posibilidad de que aparezcan mosquitos o arañas en épocas calurosas e impidiendo la formación de hielo en tiempo frío.

En los climas meridionales, conviene pintar de blanco el interior de los neumáticos para reducir la posibilidad de que aniden allí arañas venenosas.

Nunca se debe colgar un neumático con un solo punto de sujeción al lado de otra clase de columpio en la misma estructura de soporte. En el caso de que se utilice columpios que solo cuenten con un punto de sujeción, asegúrate de que el columpio no pueda golpear postes rígidos de sujeción ni barandillas protectoras.

Actividades

- Utiliza las sugerencias relativas a los columpios de páginas anteriores.
- Mueve el neumático de columpio sacudiendo la cuerda.
- Columpia a los niños en diagonal.
- Coloca una bolsa de bolitas como diana y haz que la alumna o el alumno apunte hacia la bolsa al columpiarse.
- Haz que la alumna o el alumno se tumbe de espaldas sobre el neumático de columpio y después sobre la barriga.

© narcea, s.a. de ediciones

Túneles

Si la escuela no dispone de un túnel, utiliza uno de tela o construye tu propio túnel siguiendo las anteriores recomendaciones de seguridad. Las cajas en las que vienen empaquetados diversos utensilios son ideales para hacer túneles caseros.

Consideraciones generales de seguridad

Solo son aceptables los túneles construidos en línea recta, sin curvas, enlaces ni conexiones de acceso en vertical.

Los puntos de entrada y salida de los túneles deben estar elevados sobre el nivel del suelo a su alrededor y deben estar dispuestos de manera que faciliten el drenaje.

El diámetro interior debe medir, como mínimo, 1 m. y la longitud del túnel no debe superar los 3 m.

Actividades

❖ Haz que cada alumno atraviese el túnel deslizándose por él. Indicale que camine a gatas para atravesarlo. Después, haz que atraviese el túnel sin utilizar las manos.

❖ Si el túnel es estable, haz que pase a gatas por encima del túnel.

❖ Dile que atraviese el túnel andando. Para ello, tendrá que agacharse.

Balancines

Consideraciones generales de seguridad

Todos los balancines deben:

- Permitir que el niño pequeño se inicie en el movimiento de balanceo y lo controle.
- Garantizar la imposibilidad de que los muelles o resortes del aparato pellizquen o atrapen las extremidades de los niños.
- Facilitar al niño unos agarraderos y asientos cómodos y seguros.
- Facilitar los movimientos de balanceo hacia los lados y hacia adelante y hacia atrás, para dar mayor aliciente.

Actividades

- Haz que la niña o el niño se balancee primero despacio y después, deprisa.
- Cuando se esté balanceando, haz que detenga el balancin lo más rápido posible.
- Haz que se meza solo hacia adelante o solo hacia atrás. A causa del muelle o resorte que tiene el balancín, se producirá un movimiento de atrás hacia adelante y viceversa; sin embargo, la idea es hacer que lo controle para provocar un determinado tipo de movimiento.
- Haz que sostenga una bolsa de bolitas en cada mano mientras se esté balanceando. Haz que vaya hacia adelante y hacia atrás 10 veces, contándolas en voz alta. Cuando llegue a 10, debe lanzar las bolsas al aire. Puede lanzar las bolsas una a una o juntas, si es capaz de guardar el equilibrio.
- Coloca una diana para que la niña o el niño lance contra ella las bolsas de bolitas mientras se balancea.

Juguetes para montar

Cuando los niños juegan montados en juguetes de este tipo, aprenden a coordinar la fuerza, el equilibrio y los músculos grandes. Los niños y las niñas utilizan su energía de forma constructiva. Desarrollan los conceptos de "velocidad", "dirección", "sentido de la marcha" y "ubicación". Los niños usan su imaginación para hacer como si fuesen distintos personajes y producir diferentes ruidos.

Este tipo de juegos refuerza el desarrollo del lenguaje. Los juguetes de montar permiten que los niños aprendan a negociar, a respetar turnos y a resolver problemas. Adquieren confianza en sí mismos para aprender y dominar nuevas destrezas.

Consideraciones generales de seguridad

Todos los equipos sobre los que los niños pueden montar deben tener:

- Aire suficiente en los neumáticos.
- Asientos y pedales adecuados a la edad de los niños y niñas.
- Mangos y asientos cómodos y seguros.
- Una buena superficie sobre la que desplazarse, como una pista de cemento o de tierra batida.
- Dispositivos de seguridad adecuados, como cascos y ruedas auxiliares (dependiendo de la edad y de la habilidad de los niños y niñas).
- Cadenas bien lubricadas y bien montadas en los vehículos.
- Superficies sin tornillos ni otros materiales rígidos al aire.
- Una zona en sombra para aparcar los vehículos. Los equipos metálicos, sobre todo, tienen que guardarse a la sombra cuando no se utilicen, pues a menudo las superficies se calientan demasiado para que resulten cómodas.

Actividades

❖ Pide que la alumna marche deprisa; después, despacio, y, de nuevo, deprisa.

❖ Juega a una versión de "Semáforo rojo, semáforo verde". A una señal del silbato o a la orden verbal: "Semáforo verde", montan en los vehículos. Cuando suena de nuevo el silbato o quien dirija el juego diga: "Semáforo rojo", deben detener por completo sus vehículos. El juego continúa de manera que todos adquieran práctica a la hora de arrancar y detener los vehículos.

❖ Crea un circuito de obstáculos para que cada niño lo recorra montado, rodeando, atravesando y pasando por encima o por debajo de los obstáculos.

❖ Haz que determine un ruido y un sonido de bocina que haga su vehículo. El niño pasa por la pista haciendo el ruido seleccionado. Cada vez que se acerque a un compañero, tiene que hacer el sonido de bocina seleccionado.

❖ Haz que la alumna o el alumno recorra la pista. Cada vez que llegue a un determinado punto, tiene que bajar de su vehículo y hacer una tarea. Esta puede ser algo tan sencillo como dar 10 saltos de títere, tan complejo como pintar un cuadro o tan divertido como comer un bocadillo.

❖ Facilítales esponjas y agua para que laven su vehículo.

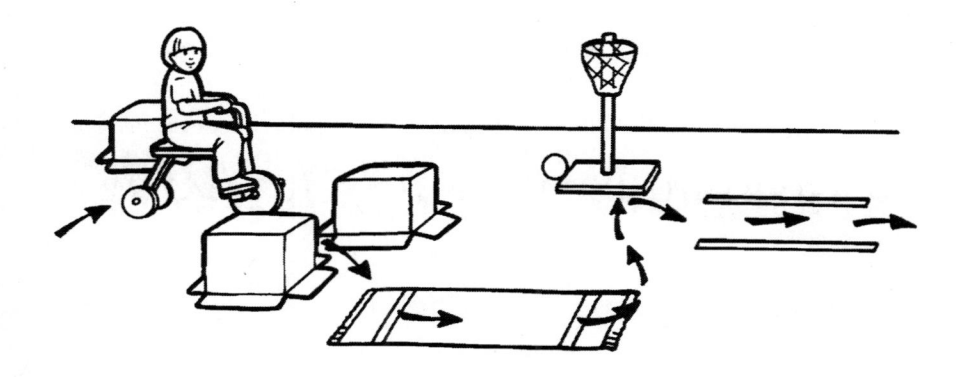

Paracaídas

Materiales: Paracaídas, Radiocasete.

❖ Círculos

Los alumnos y las alumnas se limitan a andar en círculo (sosteniendo el paracaídas); primero, en el sentido de las agujas del reloj; después, en sentido contrario. Pueden utilizar ambas manos al principio; después, solo la mano izquierda, y, a continuación, solo la mano derecha. Pídeles que traten de correr, dar saltos alternados o saltar a la pata coja en círculo. Haz que practiquen contando de 1 en 1, de 2 en 2, de 5 en 5 ó de 10 en 10 mientras marchan en círculo. Además, pueden recitar canciones o el abecedario.

❖ Actividades en círculo

Haz que cada uno camine en círculo mientras sostiene el paracaídas con una mano. Encárgale otra actividad para que la realice con la otra mano, como elevar la mano por encima de la cabeza o botar un balón. Cambia, alternándo, el sentido de la marcha, de manera que los alumnos y alumnas tengan que cambiar la mano que utilicen para manejar la pelota.

❖ Ondas

Haz que cada alumna sacuda el paracaídas con el fin de hacer ondas. Describe el tipo de ondas que quieres que produzca. Por ejemplo, cada alumna o alumno puede hacer ondas suaves u ondas bruscas. Empieza haciendo que utilicen ambas manos para hacer las ondas. Después, haz que utilicen solo la mano derecha, etc.

❖ Alto-bajo

Los alumnos y las alumnas lanzan al aire el paracaídas y lo elevan todo lo que puedan. Después, lo bajan hasta el suelo. Pídeles que prueben a hacer esta misma actividad adoptando diversas posturas corporales. Por ejemplo, pueden tumbarse sobre la barriga de cara al paracaídas, mientras lo elevan todo lo que puedan y, a continuación, hacerlo descender al suelo; también, pueden ponerse de rodillas en el suelo mientras llevan a cabo una tarea.

❖ Tiendas

Cuando sepan cómo hacer la actividad "Alto-bajo", enséñales a hacer una tienda. Los niños levantan el paracaídas todo lo que puedan. Mientras levantan el paracaídas en el aire, todos dan un paso adelante, hacia el centro del círculo. Después, bajan el paracaídas, poniéndoselo sobre la espalda mientras se sientan. En ese momento, estarán debajo del paracaídas (el paracaídas formará una tienda abovedada sobre sus cabezas). Cuando la bóveda haya caído, pedir que repitan la operación.

❖ Marcha con música

Toca una canción. Haz que cada uno diga cómo le hace sentir la música y qué movimientos podría hacer con el paracaídas para ir al compás de la música. Empieza con canciones que conozcan bien los alumnos y las alumnas. Después, prueba con canciones que no hayan oído nunca. Utiliza diversos tipos de música, como: jazz, clásica, *rock*, etc..

❖ ¡A gatear!

Pídeles que se sienten en el suelo alrededor del paracaídas. Cada uno debe poner las piernas hacia adelante, de manera que queden debajo del paracaídas. Tiene que sostener el paracaídas hasta que esté tenso. Mientras lo sostienen, deben gatear hacia el centro del círculo (previamente, determina cuantos pasos deben dar los niños gateando. El paracaídas se irá aflojando a medida que los niños gateen hacia el centro del círculo). Después, haz que los niños gateen hacia atrás hasta que el paracaídas vuelva a estar tenso.

También pueden dar patadas a diferentes velocidades debajo del paracaídas.

Conejitos saltarines

Materiales: Paracaídas. Conejito de peluche (u otro animal de peluche).

Coloca un conejito de peluche en el centro del paracaídas. Los alumnos hacen que el conejito salte por el aire levantando los brazos al mismo tiempo y, después, bajándolos rápidamente.

Pídeles que cuenten las veces que pueden hacer que el conejito salte por el aire sin caer fuera del paracaídas.

Balones que botan

Materiales: Paracaídas. 3 ó 4 balones.

Para empezar, coloca solo un balón en medio del paracaídas. Después de que todos los niños hayan sujetado el paracaídas, haz que impulsen el paracaídas arriba y abajo con el fin de hacer que bote el balón. El objetivo es mantener el balón dentro del paracaídas. Cuando hayan comprendido la actividad, coloca varios balones sobre el paracaídas. Si se cae alguno, haz que una alumna o un alumno lo recupere y vuelva a echarlo al paracaídas.

Divídeles en dos equipos, de manera que cada uno se disponga a un lado del paracaídas. Pon un balón en el centro del paracaídas. Un equipo se anota un tanto si consigue hacer caer el balón del lado del otro equipo. Juega hasta un número de puntos determinado de antemano.

Actividades con *Hula Hoop*

Materiales: *Hula hoop* (1 por niño).

Los *hula hoops* son otro material del equipamiento escolar que atrae instantáneamente la atención y el interés de los alumnos. Al presentar los *hula hoops* a los niños, hay que dejarles bastante tiempo para que examinen con libertad los aros. Haz que uno demuestre cómo se hace girar el aro alrededor de la cintura.

Pueden practicar con el *hula hoop* al modo tradicional; sin embargo, hay muchas actividades que pueden realizar con el aro, aunque no dominen la rotación del mismo en torno a la cintura. Algunas de ellas, son las siguientes:

- Haz que cada niño eleve los brazos hasta el costado y los utilicen para hacer girar el *hula hoop* en torno a su cintura, rotando el aro primero hacia adelante y después hacia atrás. Hacer que pruebe a hacer esta actividad con el brazo dominante así como con el no dominante. Desafíalos a que eleven el brazo por encima de la cabeza y hagan girar el *hula hoop* horizontalmente sobre la cabeza.

- Haz como si el *hula hoop* fuese un gran volante. Cada alumna tiene que sostener el aro de manera que las manos ocupen las posiciones de las 2 y de las 10. Diles que no aprieten las manos al sostenerlo para que el aro pueda deslizarse entre las manos mientras lo hacen girar (las manos deben permanecer en las posiciones de las 2 y las 10). Después, dile que gire el *hula hoop* entre las manos para que describa una circunferencia. Después que gire el aro en el sentido de las agujas del reloj y finalmente, en el contrario y que procure hacer rotar el aro de manera que las manos tengan que moverse.

Oriéntales para que hagan girar el aro moviendo una mano sobre otra para girarlo en el sentido de las agujas del reloj; pueden invertir el aro para moverlo en sentido contrario a las agujas del reloj (pega una señal de cinta adhesiva para que el niño o la niña pueda ver los movimientos).

- Haz que la niña o el niño gire el *hula hoop* alrededor del cuello.
- Pon el *hula hoop* en el suelo. El niño pone el pie derecho dentro del aro, de manera que la parte frontal del aro descanse sobre el zapato. Luego, hace girar el *hula hoop* alrededor de la pierna. Cada vez que el aro llega al pie izquierdo, el niño salta sobre el aro. Una vez que se practica, es fácil continuar.
- Crea grupos de cuatro alumnos. Cada grupo se pone alrededor del borde exterior de un *hula hoop*, sosteniéndolo con las manos. Haz que el grupo trace una circunferencia, tanto en el sentido de las agujas del reloj como en el contrario. Los niños tienen que trabajar juntos para realizar esta actividad.
- Pon un *hula hoop* en el suelo. Haz que cada niño se mueva alrededor del borde exterior del aro de las siguientes formas: en el sentido de las agujas del reloj; contrario a las agujas del reloj; saltando a la pata coja; saltando; de puntillas; sobre los talones; marchando y andando.
- Pon el *hula hoop* en el suelo. Una alumna salta adentro y afuera del aro al oír una señal. Por ejemplo, el empieza dentro del aro. Cuando oye un pitido, salta fuera del aro. Cuando vuelve a oír el pitido, vuelve a saltar al interior.
- Pon el *hula hoop* en el suelo. Ayuda a que cada uno tome conciencia de su propio cuerpo haciendo que salte al interior y al exterior del aro con un compañero. Empieza haciendo que ambos entren y salgan del aro dando un paso adelante o atrás. Después de adquirir algo de práctica, los compañeros pueden saltar adentro y afuera del aro. Cada alumna o alumno tendrá que ser consciente de cuánto espacio ocupa y de cuánto espacio deja para su compañera o compañero cuando ambos estén dentro del aro.

Rodar el *Hula Hoop*

Materiales: *Hula hoop* (1 por niño o grupo).

Pon el *hula hoop* en posición vertical (la parte de abajo del aro debe tocar el suelo). Los niños deben colocar las manos de manera que sujeten la parte superior de sus *hula hoops*.

Haz que cada niña o niño lleve rodando el *hula hoop* por el suelo, impulsándolo con sus manos. Tendrá que emplear las manos para sujetar el aro.

Prueba a realizar algunas de estas actividades:

- Haz que una pareja se envíen el *hula hoop* mutuamente rodándolo.
- Crea una pista de obstáculos para que los niños lleven rodando el *hula hoop* por ella.
- Haz una carrera de relevos para ver quién es capaz de llevar rodando el *hula hoop* más rápido hasta un punto determinado.
- Utiliza un bastón, regla o lápiz sin afilar para impulsar un *hula hoop*.

JUEGOS AL AIRE LIBRE

El salto del *Hula*

Materiales: 4-6 *hula hoops*. Tiza o una comba.

Pon en el suelo, en línea recta, de 4 a 6 *hula hoops*. Señala la línea de salida con una comba o con tiza. Cada alumno debe saltar de un aro a otro.

Al entrar en un aro, debe hacerlo con ambos pies y ha de saltar al *hula hoop* siguiente.

Cuando llegue al final, se da la vuelta y regresa saltando de aro en aro hasta la línea de salida.

Prueba a colocar los *hula hoops* en posiciones diferentes.

Haz que cada alumna salte con un pie y entre con el otro o que salte a la pata coja.

¿Hasta dónde llegas con el *Hula Hoop*?

Materiales: Hula hoop (1 por niño). Tiza o bolsa de bolitas.

Situar el *hula hoop* en posición vertical (la parte inferior del aro debe tocar el suelo). El niño debe colocar las manos de manera que agarre el aro por la parte superior. Si mueve las muñecas rápidamente hacia adelante y suelta el *hula hoop*, este rodará hacia adelante.

Cuando el niño comprenda cómo mover las muñecas para que el *hula hoop* ruede hacia adelante, rétalo para ver hasta dónde puede hacer rodar el aro. Haz con tiza una línea de salida. Dile que impulse el *hula hoop* para que trate de hacerlo llegar lo más lejos posible. Se puede utilizar tiza o una bolsa de bolitas para marcar dónde cae el aro.

Equipos de *Hoop*

Materiales: Hula hoop (1 por grupo). Radiocasete o reproductor de CD.

Divide a los alumnos en equipos de cuatro y asigna un *hula hoop* a cada grupo (si dispones de *hula hoops* de varios colores, está muy bien que el *hula hoop* de cada grupo sea de un color diferente). Distribuye al azar por el aula o la zona de juego tantos *hula hoops* como grupos haya. Explicales que tiene que moverse de manera segura por el aula mientras suene la música. Cuando la música se detenga, cada niño se moverá hasta el *hula hoop* de su equipo. Los equipos deben trabajar cooperativamente para que todos los miembros del mismo puedan tener una parte del cuerpo dentro de su aro.

Variantes:

Anuncia la parte del cuerpo que deben introducir los alumnos y alumnas en el *hula hoop*.

Haz la actividad indicando que cada miembro de cada equipo debe tener dos partes del cuerpo dentro de su aro.

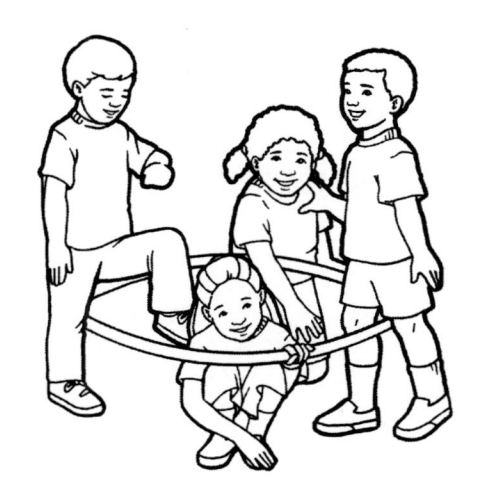

5. Mesas sensoriales

Las mesas sensoriales ofrecen la oportunidad de experimentar y jugar con diversas texturas. Los niños aprenden naturalmente a través de los sentidos, por lo que es lógico utilizar a diario estas actividades en el aula. Hay distintas formas de facilitar experiencias en la mesa sensorial para los niños pequeños.

Por supuesto, se pueden adquirir en el mercado mesas sensoriales para su uso en el aula. Estas mesas están diseñadas específicamente para los tipos de actividades descritas en las páginas siguientes. No obstante, si el coste de la adquisición de una mesa sensorial resulta excesivo, hay alternativas para proponer actividades de mesa sensorial a un precio más asequible.

He aquí algunas ideas para usar como alternativas a la mesa sensorial: tableros de mesas, tinas de plástico, bandejas de horno, bandejas de aluminio para asar, barreños de plástico, cajas de regalo, etc.

Una de las ventajas (antes mencionadas) de las alternativas propuestas para las mesas sensoriales es que son lo suficientemente pequeñas para utilizarlas en el aula. Muchas de las mesas sensoriales que hay en el mercado están diseñadas para su uso al aire libre. Se instala una mesa sensorial en el aula, conviene que se ponga una toalla o una alfombra de plástico debajo de la mesa. La toalla o el plástico servirán para recoger lo que pueda caer, facilitando mucho la limpieza.

Al escoger una superficie para realizar actividades propias de la mesa sensorial, hay que tener en cuenta el tipo de actividades que harán los niños y el tipo de material del que se dispone en la mesa sensorial. Por ejemplo, una bandeja de horno no será una buena mesa sensorial de agua; sin embargo, será muy útil para utilizarla con la sal.

Algunos materiales que se pueden usar como contenido de la mesa sensorial son: arena, arroz, bolitas de poliestireno expandido para embalar, agua, crema de afeitar, harina de maíz, alubias, fideos, papel triturado, etc.

Conviene controlar los contenidos de la mesa sensorial. Los contenidos deben retirarse y reemplazarse dependiendo de la frecuencia de uso y de la cantidad de niños que utilicen la mesa sensorial.

A continuación se proponen actividades con distintos materiales como: arena, agua y alubias/arroz.

Arena

La mayoría de los alumnos ya están acostumbrados a jugar en un cajón de arena. Conviene establecer algunas normas al utilizar por primera vez la arena en una mesa sensorial. Por supuesto, es inevitable que caiga arena fuera de la mesa sensorial; sin embargo, los niños deben saber que el objetivo es mantener la arena en el interior de la mesa. Facilítales una escobilla y un recogedor para cuando caiga arena al suelo y haz que ayuden a limpiar la arena derramada. La acción de barrer la arena es, en sí misma, una magnífica práctica de destreza motora. Asegúrate también de que los niños sepan que la arena hace daño en contacto con los ojos.

A continuación, se ofrecen algunas orientaciones para que el cajón de arena o la mesa sensorial sea un instrumento seguro. La arena debe:

- Alcanzar una profundidad de entre 40 y 45 cm.
- Poder "apisonarse" con humedad y conservar las formas impresas.
- Ser una mezcla equilibrada de partículas, desde las muy finas hasta las gruesas, siempre que estas no sean mayores de 1,5 mm.
- Carecer de materiales con bordes agudos, como la piedra molida artificialmente.
- Estar lavada, para que esté limpia y carezca de arcilla, cieno, óxidos, hierro u otros contaminantes (antes de aceptar una carga de arena, ponla a prueba, poniendo una muestra sobre un paño blanco para ver si la arena lo mancha o decolora. La decoloración o la mancha indica que la arena no está suficientemente lavada).

Juguetes para la arena

Materiales: Cajón de arena o mesa sensorial llena de arena. Juguetes para la arena.

Debes tener en todo momento a disposición de los niños algunos juguetes de uso general para la arena, incluyendo cubos y palas. Sin embargo, puedes aumentar el interés de los niños por utilizar el cajón de arena, o una mesa sensorial llena de arena, cambiando los tipos de juguetes. Es más fácil acordarse de cambiar los juguetes si estableces un plan de rotaciones y una lista de ideas de juguetes. Por ejemplo, se puede planificar un día de clase, por ejemplo los viernes, para reunir juguetes de arena y tener preparadas algunas sorpresas. ¡Tener a mano esta lista de juguetes como fuente de ideas divertidas! A continuación, mostramos una lista de materiales para jugar con la arena:

- Alubias o abalorios (para mezclar con la arena)
- Animales de madera
- Árboles de juguete
- Bandejas de cubitos de hielo
- Bandejas de tarta
- Báscula
- Bolsas de papel
- Botellas con atomizador (para humedecer la arena)
- Camiones de juguete
- Cartones de huevos
- Coches
- Coladores
- Conchas
- Cubos
- Cucharillas
- Dinosaurios
- Embudos
- Escurridores
- Floreros
- Guantes (para ponerse)
- Guantes de goma (para rellenar de arena)
- Juguetes anidados
- Manoplas (para ponerse)
- Moldes de galletas
- Palas
- Palitos de paleta
- Pinzas (grandes)
- Plumas
- Ruedas de arena
- Saleros
- Sobres
- Tazas y cucharas de medida
- Tenacillas
- Tuercas
- Velas de cumpleaños

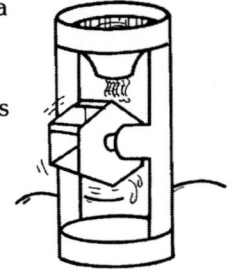

Vertido con embudo

Materiales: Cajón de arena o mesa sensorial llena de arena. Embudo. Tazones de plástico (2 por niño). Tazas y jarras de distintos tamaños.

Haz que una niña o un niño coloque un embudo encima de un tazón de manera que no se caiga. A continuación, dile que llene de arena seca otro tazón y la vierta lentamente en el embudo. Después de verter el tazón de arena en el embudo, dile que lo retire y lo coloque en el tazón que ahora está vacío. El niño vierte ahora la arena en el otro tazón a través del embudo. Insístele en que repita esta actividad varias veces, trasvasando una y otra vez la arena a través del embudo de un tazón a otro.

Esta actividad puede hacerse sin un embudo. Utiliza diversos recipientes o tazones de distintos tamaños y formas. Haz que practiquen vertiendo arena de un recipiente a otro, devolviéndola al final al cajón de arena o a la mesa sensorial.

Al utilizar tazones o jarras de distintas formas y tamaños, los niños empezarán a captar el concepto de que la misma cantidad de una sustancia parece diferente si ocupa un recipiente diferente.

¡A divertirse con el agua!

Materiales: Estanque pequeño, barreño o mesa sensorial llena de agua. Juguetes. Toallas. Esterilla o alfombra de interior o exterior.

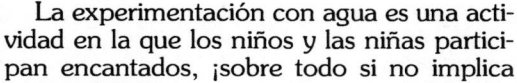

La experimentación con agua es una actividad en la que los niños y las niñas participan encantados, ¡sobre todo si no implica bañarse! Prepara una mesa sensorial llena de agua. La utilizarán para experimentar. Si no se dispone de una mesa sensorial para la actividad, se puede utilizar un estanque pequeño o un barreño de plástico. Siempre que hay agua de por medio, los niños acaban un poco mojados; ten a mano toallas de baño para prevenir los derrames.

Notas de seguridad

- En cualquier actividad con agua, debe estar presente un adulto. Es posible que un niño se ahogue en solo 2,5 cm. de agua, por lo que hay que extremar las precauciones con el fin de que la experiencia sea segura y agradable.
- El agua de la mesa de agua debe cambiarse a diario.
- Las mesas de agua deben estar vacías cuando no se estén utilizando.
- Pon debajo de la mesa de agua o barreño una esterilla con el dorso de goma o una alfombra de interior o de exterior, en la que los niños puedan estar de pie, para que, de esta manera se puedan prevenir resbalones.

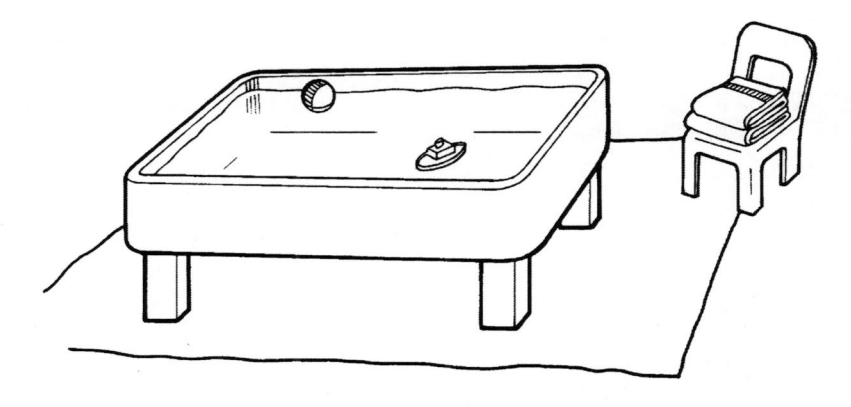

Juguetes para el agua

Materiales: Estanque pequeño, barreño o mesa sensorial llena de agua. Juguetes para el agua.

Fomenta la experimentación y la creatividad variando los tipos de juguetes a disposición de los niños cuando se pratique con agua. A continuación, se ofrecen ideas acerca de los objetos que pueden utilizarse en el agua. La mayoría de los objetos pueden encontrarse en casa o en el aula:

- Batidor de huevos
- Botella de plástico con agujeros
- Botellas flexibles
- Cepillos de dientes
- Coladores
- Conchas
- Cucharas de dosificación
- Cucharillas
- Cucharones de madera
- Cuencos
- Cuentagotas
- Embudos
- Esponjas
- Espumaderas
- Guantes de goma con agujeritos (para que dejen escapar el agua)
- Jarras
- Juguetes de plástico
- Manoplas
- Pajitas
- Pez de plástico y caña de pescar
- Pinzas
- Plantas de acuario
- Redes
- Regaderas
- Rocas de acuario
- Ruedas de agua
- Saleros
- Tazas y cucharas de medida
- Tenacillas

Prueba a añadir al agua algunos de los elementos sugeridos a continuación para modificar su textura, aspecto u olor:

- Alubias
- Avena seca
- Brillantina
- Crema de afeitar
- Cubitos de hielo incoloros y de colores
- Detergente líquido
- Harina de maíz o trigo
- Hielo picado
- Hojas secas
- Palomitas de maíz (ya preparadas)
- Pipas de calabaza
- Sal
- Tierra para macetas
- Virutas de madera, etc

Pompas con el batidor de huevos

Materiales: Estanque pequeño, barreño o mesa sensorial llena de agua. Batidor de huevos. Jabón líquido suave.

Esta actividad es ideal para hacerla en un estanque pequeño, en un barreño de plástico o una mesa sensorial llena de agua; no obstante, también puede hacerse con un cuenco grande colocado sobre un mantel individual no deslizante. Llena un tercio del recipiente de agua fría. Añadir unas cucharadas de jabón líquido y meter el batidor de huevos en el recipiente, haciéndolo descansar sobre el fondo. Haz ante los niños una demostración del funcionamiento del batidor (porque, probablemente, la mayoría no hayan visto uno antes). Después, deja que, por turno, cada niña o niño haga pompas de jabón.

La manopla de las pompas mágicas

Materiales: Manopla (1 por niña o niño). Pastilla de jabón.

Distribuye manoplas entre tus alumnos y explícales que cada uno tiene que utilizar su manopla. Haz que moje la manopla, escurriéndola un poco a continuación. Frota ligeramente el jabón, en el centro de la manopla. Dile que inspire y sostenga la respiración; después, que se lleve la manopla a los labios fruncidos (asegúrate de que la parte que toque los labios sea la que no está enjabonada) y que sople. Dile que retire de los labios la manopla para que vuelva a inspirar. Después, el niño vuelve a llevarse, como antes, la manopla a los labios y sopla de nuevo. Haz que mire el lado enjabonado de la manopla.

¡Habrá hecho que aparezcan unas pompas por arte de magia!

Medir líquidos

Materiales: Estanque pequeño, barreño o mesa sensorial llena de agua. Recipientes de: cuarto de litro, medio litro, litro y cinco litros. Tarjetas de medida de líquidos.

Al llenar recipientes y verter agua de uno a otro, la niña o el niño aprenderá a relacionar una cantidad y un tamaño con las expresiones: "cuarto de litro", "medio litro", "litro" y "cinco litros". Los niños también empezarán a experimentar con el número de cargas de un recipiente que hace falta para llenar otro.

Facilítales unos recipientes que estén claramente etiquetados con: "cuarto de litro", "medio litro", "litro" y "cinco litros". Los niños pequeños pueden experimentar vertiendo agua de un recipiente a otro. Los mayorcitos pueden utilizar los recipientes para experimentar con el número de cargas de un recipiente que hace falta para llenar otro.

Cuarto de litro	Medio litro
Un litro	Cinco litros

Agua de colores

Materiales: Embudo. Jarras de plástico transparente. Colorante alimentario. Vasos de plástico transparente. Agua.

Ayuda a los niños a hacer agua de colores en una jarra, llenándola hasta la mitad de agua y añadiendo unas gotas de colorante alimentario. Observa el cambio de color del agua mientras el colorante alimentario se difunde por el agua clara. A continuación, dile a un niño o a una niña que ponga el embudo bien asentado sobre la boca de una jarra vacía. Muestra cómo verter lentamente el agua de color a través del embudo. Cuando toda el agua haya pasado por el embudo, se divertirá repitiendo el proceso, trasvasando una y otra vez el agua de color de una jarra a otra.

Prepara un vaso de cada color poniendo unas gotas de colorante rojo, amarillo y azul en otros tantos vasos de plástico transparente. Haz que cada alumna experimente mezclando los colores y vertiendo el agua de los vasos de plástico en las jarras. Puedes guiarle a la hora de mezclar distintos colores en sesiones diferentes.

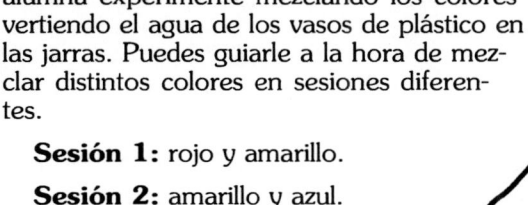

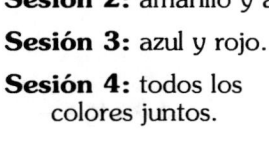

Sesión 1: rojo y amarillo.

Sesión 2: amarillo y azul.

Sesión 3: azul y rojo.

Sesión 4: todos los colores juntos.

Recetas

Materiales: Mesa sensorial. Contenidos de la mesa sensorial. Cacitos de áridos. Cuencos pequeños.

Esta actividad puede hacerse casi con cualquiera de los contenidos recomendados para las mesas sensoriales.

Unos días antes de que estés preparada o preparado para cambiar los contenidos de tus mesas sensoriales, añadir unos recipientes de áridos (granos, legumbres, frutos secos...) en las mesas sensoriales y pedir que tus alumnos hagan recetas con dichos contenidos. Los más pequeños pueden experimentar mezclando diversas texturas. Los mayores pueden seguir una receta auténtica. Crea tarjetas de recetas con las instrucciones que deben seguir los niños. Por ejemplo, haz que cada uno siga la receta de mezclar dos cacitos de arroz y uno de alubias. El niño deberá mezclar los elementos de la receta en un cuenco pequeño.

Variante

Si los materiales o ingredientes de la receta son lo bastante grandes para que los niños puedan manipularlos con facilidad, se puede poner en marcha una actividad de clasificación. Cada niño puede clasificar los ingredientes devolviéndolos a sus recipientes originales de la mesa sensorial. Por ejemplo, si tiene que mezclar palomitas de maíz y *farfalle*, puede manipular con facilidad estos elementos para clasificarlos. Si mezcla alubias y arena o sal, la arena o la sal puede filtrarse con un cedazo o un colador.

Buscar objetos

Materiales: Mesa sensorial. Contenidos de la mesa sensorial . Objetos que esconder . Cuencos pequeños.

Llena una mesa sensorial con los contenidos deseados (p. ej., alubias). Después, esconde objetos (p. ej., fichas de ositos) entre los contenidos de la mesa sensorial. Haz que cada alumna y alumno busque entre las alubias para descubrir las fichas de ositos. Se puede pedir a los alumnos que localicen solo las fichas de ositos azules y que las pongan en un cuenco pequeño colocado al lado de la mesa sensorial. Esto exige que practiquen las destrezas de clasificación mientras utilizan la mesa sensorial.

Aumenta la dificultad de la tarea de encontrar las fichas de ositos poniendo otra clase de fichas entre las alubias. Por ejemplo, puedes poner nueces entre las alubias junto con las fichas.

Invítales a que encuentren las fichas de ositos con los ojos cerrados. De este modo, el alumno o la alumna tendrá que fiarse solo del sentido del tacto para localizar las fichas de ositos. Dile que no pueden emplear las manos para buscar las fichas, pero que pueden utilizar un colador o una espumadera.

Frotar con loción

Materiales: Mesa sensorial. Loción. Toalla o toallas de papel.

Facilita a los alumnos un tubo o frasco de loción (la loción para niños es una opción excelente) para utilizarla en una mesa sensorial. En esta actividad, se puede utilizar loción no perfumada o perfumada. Con los más pequeños, el maestro aprieta el tubo o frasco para depositar la loción en la mesa sensorial. Con los mayorcitos que sean capaces de hacerlo, deja que ellos mismos hagan la operación de depositar la loción en la mesa sensorial.

Después, anima a cada uno a que frote la loción con sus manos y brazos para que sienta la textura resbaladiza de ésta. Haz que utilice los dedos y las manos para examinar la sensación de la loción en la mesa sensorial. El niño puede "pintar" con los dedos usando la loción. Los niños mayores pueden practicar formando letras, números, formas o, incluso, escribiendo palabras. Para variar la textura de la loción, prueba a añadir otras sustancias, como: nueces aplastadas, brillantina, alpiste y arroz.

Nota de seguridad

Antes de usar lociones perfumadas, averigua si alguno de tus alumnos es alérgico.

Pintar con los dedos

Materiales: Mesa sensorial. Crema de afeitar o pintura para usar con los dedos. Cartulina. Babi o bata escolar (1 por niño). Toalla o toallas de papel.

Pintar con los dedos siempre tiene éxito con los niños pequeños. Aprieta tú el tubo de pintura sobre la mesa sensorial. Deja que cada niño experimente la sensación de la pintura en los dedos y lo que produce moverla por la mesa sensorial. Los niños pequeños pueden probar a dibujar con la pintura. Cuando los niños mayorcitos hayan tenido suficiente tiempo para experimentar, se les puede dar instrucciones en una cartulina acerca de alguna destreza que interesaria que practicaran.

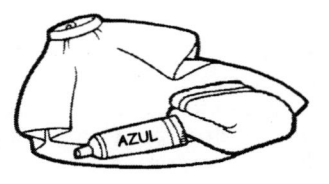

Programa las destrezas que tengan que practicar tus alumnas y escríbelas en la cartulina. Pueden practicar algunas de estas: crear formas, formar letras, formar números, escribir palabras, sumar o restar, etc.

Probar a utilizar crema de afeitar en la mesa sensorial para modificar la textura que toque la alumna o el alumno. Para esta actividad, las bandejas de pizza sirven de excelentes mesas sensoriales.

Pintura limpia

Materiales: Pintura para usar con los dedos. Bolsas autocierre de plástico de 2 l. de capacidad.

Una forma igualmente divertida (pero menos sucia) de pintar con los dedos consiste en llenar varias bolsas autocierre de unos 2 l. de capacidad con unas cucharadas de pintura (2 ó 3 cucharadas, entre 30 y 45 ml.). Cierra bien la bolsa. Pon la bolsa sobre una superficie plana. Con las manos, reparte bien la pintura por la bolsa. Haz que cada niña o niño utilice los dedos para dibujar formas y practique la escritura de letras y números. Conviene tener preparadas varias bolsas por si se rompe alguna, de manera que pueda sustituirse de inmediato.

© narcea, s.a. de ediciones

¿Qué hay dentro?

Materiales: Caja de zapatos u otra caja con tapa. Diversos objetos con distintas texturas.

Elaborar una "caja negra" con una caja de zapatos o con una bolsa de tela gruesa. Pon en el interior de la caja diversos objetos para que cada alumna experimente solo con su sentido del tacto. Pon la caja en un sitio en el que el alumno pueda meter la mano dentro de la caja, sin ver el contenido.

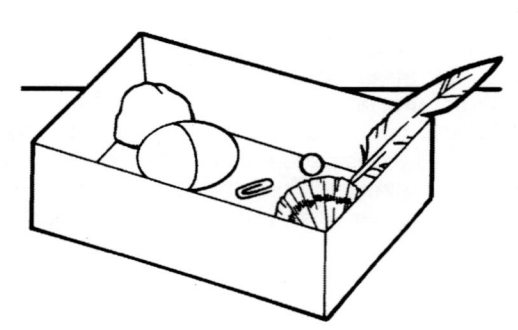

Para empezar, introducir solo un objeto cada vez en la caja. Dale tiempo de sentir el objeto. Después, que trate de adivinar de qué objeto se trata. Cuando se haya familiarizado con la sensación táctil que producen los objetos, introducir más de un objeto en la caja. Nombra un objeto (p. ej., una cuchara) o una textura (p. ej., algo suave) para que busque en el interior de la caja. Cuando lo haya encontrado, lo saca de la caja para enseñárselo al grupo. Deja que utilicen objetos que se encuentren en el aula para introducirlos en la "caja negra". Haz que los niños pongan a prueba a sus amigos y amigas con respecto al contenido de la caja.

He aquí algunos objetos posibles para utilizarlos en la "caja negra":

- Alubias
- Animales pequeños de peluche
- Bolas de algodón
- Bolígrafos
- Clips
- Conchas
- Esponjas
- Hojas secas
- Juguetes pequeños
- Lápices de cera
- Lápices
- Monedas
- Muestras de telas
- Nueces
- Piedras
- Plumas
- Utensilios de cocina
- Velitas de cumpleaños, etc

Bandeja de muestra

Materiales: Mesa sensorial (o bandeja de galletas). Vasitos de papel o bandejas con huecos (p. ej. para meter dulces). Muestras de alimentos.

Las actividades que implican que los niños utilicen el sentido del gusto los anima a experimentar el mundo de una forma diferente. Los niños pueden evitar probar algo nuevo a la hora de la comida; sin embargo, suelen estar dispuestos a ello cuando se trata de una experiencia en la mesa sensorial.

La forma más fácil de facilitar a los niños experiencias orales en la mesa sensorial consiste en colocar una porción de la comida que tengan que probar en un vasito de papel o en un hueco de la bandeja. Coloca vasitos de papel suficientes para todos tus alumnos y alumnas sobre una bandeja de galletas para facilitar el transporte. Prepara agua para que puedan beber los niños después, sobre todo con alimentos de sabor amargo o agrio.

Establece unos procedimientos para probar alimentos en la mesa sensorial. Asegúrate de que sepan qué hacer si no les gusta la comida.

En una mesa sensorial, puedes limitarte a presentar una o dos comidas que, en tu opinión, puedan no conocer o que prueben varias comidas para clasificarlas después como "amarga", "agria", "dulce" o "salada".

Nota para la maestra o el maestro: Averigua las posibles alergias que tengan tus alumnas y alumnos antes de iniciar las experiencias con alimentos. Es probable que algunos alumnos y alumnas hayan probado ya muchos de los alimentos. Es importante rotar las texturas y los tipos de comidas para que los niños no se cansen de ellas. Sobre todo, conversad, sobre las características de los alimentos. Esto es tan importante como la nutrición.

Mesa aromática

Materiales: Mesa sensorial (o bandeja para galletas). Bolas de algodón (sin aroma). Extractos (vainilla, coco, etc.). Vasitos de papel.

Pon unas gotas de extracto en una bola de algodón. Repite la operación tantas veces como extractos tengas a mano. Pon cada bola de algodón en su propio botecito (o vasito). Escribe en la base el nombre del aroma. Coloca los botes sobre una bandeja para galletas o repártelos por el aula. Haz que cada alumna y alumno rote por todos los botes y huela la bola de algodón que esté en el interior de cada uno. El alumno tratará de adivinar cuál es el aroma de cada bola de algodón.

Observarás (y tus alumnos también) que algunos extractos manchan las bolas de algodón. Muy pronto, ellos utilizarán el color de la mancha, en vez del olor, para identificar el aroma de las bolas de algodón. Cuando esto ocurra, puedes mezclar los extractos con una mezcla de agua y colorante alimentario antes de poner las gotas en las bolas de algodón. De esta manera cuando el alumno o alumna lleve a cabo esta actividad, no tendrá más remedio que utilizar su sentido del olfato.

6. Juego creativo

Los niños aprenden jugando y el tiempo de juego debe ser positivo. Siempre que sea posible, los niños deben utilizar en el juego los cinco sentidos. Además, el juego debe estimular la imaginación, la creatividad y la imitación (en el sentido de "hacer como si fuese otra persona").

Los niños descubren las cosas mediante ensayo y error. Como adultos, tenemos que estimular su juego, no dirigirlo. Los niños hacen la mayoría de las cosas por curiosidad. Prácticamente todo lo que hace un niño es jugar. Puede ser un juego alegre, serio, solitario o social. El juego es frecuente, repetitivo y siempre creativo. El juego ayuda a los niños a comprender lo que ven y experimentan en el mundo real.

Mientras los niños se divierten, adquieren, practican y dominan destrezas. Fortalecen sus músculos, los pequeños y los grandes, y forman actitudes con respecto a los demás y a sí mismos. Cuando juegan, deben sentir que tienen éxito. El éxito promueve la autoconfianza del niño y aumenta el deseo de hacer y aprender más. La mayoría de los niños siguen una secuencia cuando aprenden a jugar. El juego es la forma primordial de desarrollar las destrezas motoras.

Juego aleatorio y exploratorio

Este juego se produce cuando el niño sacude, mueve, golpea y da la vuelta a los juguetes y a otros objetos. Explora los objetos gustándolos, mirándolos, moviéndolos y sintiéndolos con todo su cuerpo (para estimular el juego aleatorio y exploratorio, conviene ofrecer al niño oportunidades de explorar los objetos y juguetes utilizando los distintos sentidos). Los juguetes deben ser seguros, (no tóxicos) e interesantes.

Juego funcional primitivo

Este juego se produce cuando el niño empieza a utilizar objetos como se supone que hay que usarlos. Por ejemplo, el niño utilizará un cepillo para cepillarse el pelo, pero también utilizará el mismo cepillo para otras cosas. El niño echará a rodar un balón, apilará bloques, escuchará un teléfono de juguete y utilizará una manopla para lavar cosas.

Juego funcional posterior

Este tipo de juego se produce cuando el niño utiliza adecuadamente la mayoría de los juguetes y objetos. El niño será capaz de responder a la petición: "enséñame lo que llevas en el pie", levantando el zapato o señalando una imagen de un zapato.

Juego creativo-simbólico

El juego creativo-simbólico aparece cuando el niño empieza a utilizar símbolos en el juego, como al hacer como si una caja fuese un tren o un cepillo del pelo, un teléfono, etc.

Juego imaginativo

El juego imaginativo tiene lugar cuando el niño utiliza más creatividad y más imaginación en el juego. Puede jugar con amigos y amigas imaginarios o hacer como si fuese otra persona. Representará las rutinas familiares del hogar cuando juegue a las "casitas".

A continuación presentamos diversas ideas que se pueden utilizar en la clase para estimular el juego de los niños.

Pintar con agua

Materiales: Recipientes vacíos. Brochas. Agua.

Pintar con agua es una actividad que puede proporcionar muchas horas de buena e inocente diversión. Es fácil y puede hacerse en cualquier sitio en el que se tenga una superficie de cemento, acera, cerca o pared.

Busca un espacio al aire libre. Llena de agua un recipiente o cubo vacío. Demuestra a los niños cómo mojar una brocha y cómo pintar con el agua. El agua dejará una hermosa superficie pintada y los niños podrán ver las zonas ya pintadas. En un día caluroso, la zona pintada se secará muy rápidamente. ¡Algunos niños creeran que es magia!

Anima a los niños y niñas a que hagan dibujos, formas, escriban letras y números, practiquen la escritura de palabras y examinen los distintos tipos de cosas que se pueden hacer con la pintura al agua. Hay que estar preparada o preparado para que los niños se mojen. Es una actividad magnífica para hacerla en días muy calurosos.

Como alternativa, se pueden utilizar rodillos en vez de brochas. Con frecuencia, los rodillos obligan a los niños a realizar un gran número de movimientos de brazo. Anímalos a llegar lo más alto que puedan, de puntillas, cuando pinten paredes.

Pintura con ramas de árbol

Materiales: Papel de estraza. Ramas de árbol. Pintura a la témpera (rebajada con agua). Recipiente de pintura. Guardapolvos (camisas viejas o camisetas grandes).

Esta actividad puedes hacerla al aire libre. Cuelga un trozo grande de papel de estraza en la pared. Cuelga el papel lo bastante bajo para que los alumnos y las alumnas lleguen a él, pero lo bastante alto para que tengan que mover los hombros y llegar a la parte superior del papel. Recoge ramas de distintos tamaños (las ramas de pimentero son muy adecuadas). Llena de pintura un recipiente de boca grande (como una palangana o una bandeja pequeña). Un alumno mete la rama en la pintura, utilizándola después para depositar pintura en el trozo de papel de estraza. El movimiento efectuado es más un movimiento de aplastamiento "por encima de la cabeza" que de dar pinceladas o brochazos. Anímales a emplear movimientos que se hagan por encima de la cabeza.

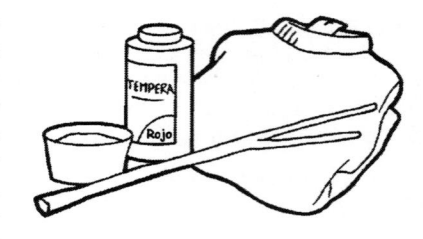

Arte con hilo

Materiales: Hilo. Bandeja de magdalenas con huecos donde depositarlas. Pintura a la témpera. Papel blanco.

Corta trozos de hilo de unos 30 cm. de largo. Aplica pintura de distintos colores en los diversos hoyos de la bandeja de magdalenas. Utiliza un trozo de hilo para cada color de pintura. Haz que una alumna o un alumno moje el hilo en la pintura y pase el hilo (con pintura) sobre una hoja de papel blanco previamente pegada a la superficie de la mesa. Utiliza diversos colores y grosores de hilo para crear una pintura única. Se puede limitar el número de colores de los que disponga cada alumno para trabajar y evitar así el aspecto sucio que surge a menudo cuando se utilizan demasiados colores.

Una alternativa es doblar por la mitad una hoja de papel. Abre el papel y déjalo encima de la mesa. Moja el hilo en la pintura, dejando después el hilo en un dibujo sobre una mitad del papel. Asegúrate de que quede a la vista un extremo del hilo, de manera que sirva para descubrir el papel. Dobla de nuevo el papel por la mitad (con el hilo todavía en el interior). Después, mientras sostienes el papel en su sitio con una mano, utiliza la otra para tirar suavemente del extremo del hilo que sobresale del papel doblado.

Tira hasta que el hilo esté completamente fuera del papel doblado. Abre el papel para revelar el dibujo simétrico. Así, se conseguirá una bonita tarjeta o un original papel de regalo.

JUEGOS CREATIVOS

Pintura con canicas o bolitas

Materiales: Tarrina grande de plástico. Pintura a la témpera (rebajada con agua). Canicas. Papel charol blanco.

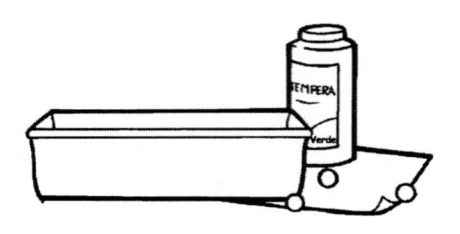

Coloca una hoja de papel charol blanco en el fondo de una tarrina grande de plástico. Vierte sobre el papel una pequeña cantidad de pintura a la témpera rebajada con agua (del tamaño de una cuarta parte). Pon en el interior de la tarrina una canica. Para crear una pintura, un alumno o alumna sostiene la tarrina con ambas manos y hace rodar la canica por el interior de la tarrina. El resultado será una obra de arte bella y exclusiva. Se pueden añadir dos o tres colores de pintura; no obstante, se debe limitar la cantidad total de pintura para que el papel no se humedezca demasiado.

Para la pintura con canicas en la que intervengan dos personas, se utilizarán cajas y rollos de papel más grandes. Haz que cada alumna o alumno se ponga de pie en un extremo de la caja grande y la mueva arriba y abajo para hacer que la canica se mueva y haga un dibujo.

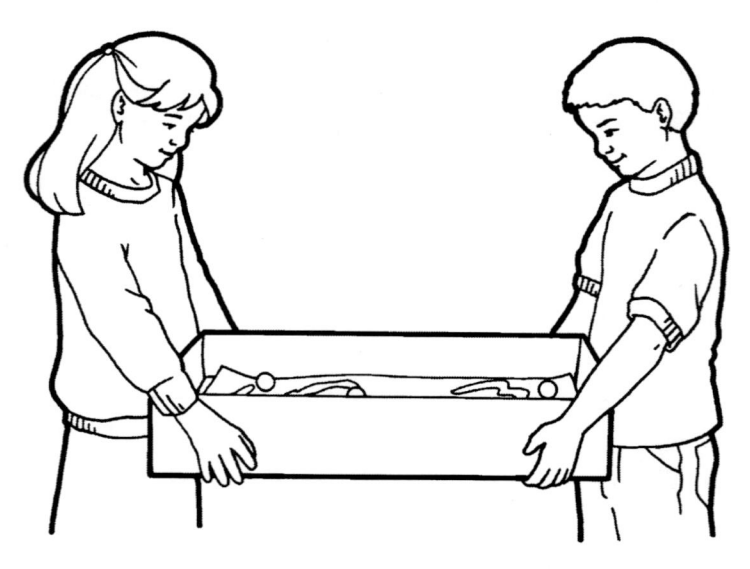

Juegos verticales

Hacer que los alumnos y las alumnas realicen cualquier actividad en vertical es excelente para el desarrollo de las destrezas motoras. Las actividades en vertical exigen que los niños utilicen una serie de movimientos con los brazos que los ayuden a adquirir la fuerza y el control de los músculos del brazo. Puedes modificar casi cualquier actividad que hagas en una superficie horizontal, facilitando simplemente una superficie vertical para que la usen tus alumnos. Se pueden considerar las superficies verticales siguientes: pizarra, un pupitre o una mesa volcada de lado, el lado de un archivador o librería, un atril, una pared, la puerta de un armario, etc.

Haz que tus alumnos participen en juegos en los que tengan que adoptar posturas impuestas por las superficies verticales. Pídeles que jueguen tumbados sobre la barriga. Esto exige que hagan muchos movimientos con los brazos para jugar.

Pega un papel grande sobre una superficie vertical.

Dibujar en vertical y a dos manos

Materiales: Cinta adhesiva. Papel. Pegatinas. Ceras o lápices de colores. Una superficie vertical.

Pega un papel sobre una superficie vertical. Haz que cada alumno cree una pintura utilizando ceras o lápices de colores. Si te parece, facilítale pegatinas. Haz que cada uno pegue las pegatinas sobre el papel y después dibuje una escena alrededor de las pegatinas.

Haz que cada alumno utilice ambas manos para dibujar formas sobre el papel. Dile que empiece con formas sencillas, como líneas rectas o circunferencias. Después, puede ir aumentando gradualmente la complejidad de las formas, haciendo triángulos, cuadrados, letras y números. Le resultará difícil dibujar con la mano no dominante. No hay que preocuparse; la idea no consiste en convertirle en ambidextro, sino en proponer una actividad que le exija mover ambos brazos.

También puede hacer una pintura sobre una superficie vertical. Para esto, una superficie vertical ideal es un atril de pintura.

Paseo con cuchara

Materiales: Cuchara de madera (1 por niña o niño). Objetos que trasladar (p. ej., bolsas de bolitas, canicas, pelotas).

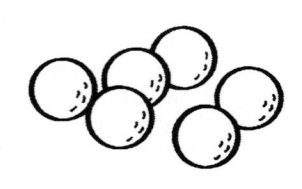

Entrega a cada niña o niño una cuchara de madera con mango largo. Haz que practique caminando por el aula mientras lleva un objeto en la concavidad de la cuchara. Empieza con objetos estables, como una bolsa de bolitas. Cuando mejore la destreza del niño, cambia el objeto por pelotas pequeñas o canicas. Si le resulta difícil llevar la cuchara por el mango, dile que agarre el mango cerca de la concavidad de la cuchara. A medida que aumente la estabilidad, haz que la niña o el niño aleje paulatinamente las manos de la concavidad.

Relevos con cuchara

Materiales: Objetos para llevar (20 por equipo). Tarrina vacía (1 por equipo). Cuchara de madera (1 por equipo).

Entrega a cada equipo un cuenco con canicas o pelotas de golf, una tarrina vacía y una cuchara de madera. Pon la tarrina vacía en el extremo opuesto del aula. El primer alumno o alumna de cada equipo pone una canica sobre la cuchara, camina hacia el otro extremo del aula y echa la canica en la tarrina vacía. Después, pasa la cuchara a la siguiente persona de la fila. La persona siguiente repite la operación. Compiten dos equipos entre sí para ver qué equipo es capaz de trasladar antes todas las canicas a la tarrina.

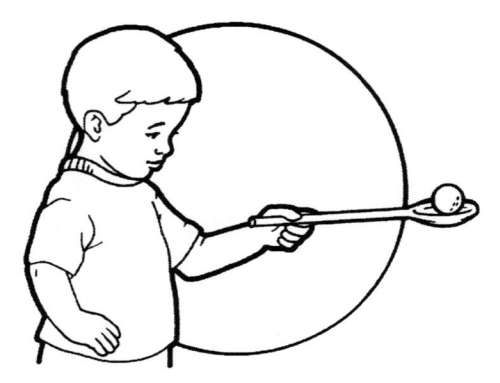

Pantomima

Materiales: Ninguno.

Cuando se les presenta a los niños por primera vez una pantomima, suelen entusiasmarse. La pantomima da pie a su creatividad y al uso de la imaginación. Si se seleccionan con cuidado las actividades de pantomima, ayudan a fortalecer y desarrollar el control de los hombros.

Escoge a una alumna o a un alumno para que sea la actriz o el actor, respectivamente. El resto puede tratar de adivinar qué actividad se representa.

Cuando la acción haya sido adivinada correctamente, ofrece la oportunidad de representar una actividad a los restantes niños.

Diles que hagan como si:

- Dispararan una flecha
- Se pusieran un delantal
- Se pusieran un abrigo
- Se pusieran guantes
- Tocaran la guitarra
- Subieran y bajaran una escalera
- Remaran
- Derribaran un árbol con un hacha
- Construyeran un edificio con bloques
- Cavaran un gran agujero con una pala
- Envolvieran un regalo
- Clavaran un clavo en la pared para colgar un cuadro
- Metieran una llave en el arcón de un tesoro y lo abrieran
- Tendieran la ropa en el tendedero

Pista de canicas

Materiales: Recipiente de plástico. Pegatinas. Canicas.

Busca un recipiente que puedan sostener con facilidad tus alumnos.

Pon pegatinas con los números del 1 al 5 en el fondo del barreño. Deposita una canica (también sirve una arandela o un imán) dentro del barreño.

Haz que cada niño sostenga el barreño con las manos y haga rodar la canica por el fondo del barreño hasta cada una de las pegatinas, siguiendo el orden correcto.

Se puede optar por utilizar letras impresas en las pegatinas o pegatinas pequeñas con diversos caracteres en ellas.

Después, se puede indicar al alumno/a el tipo de pegatina que debe seguir con la canica.

¡Nos vamos de pesca!

Materiales: Cañas de pescar. Siluetas de peces. Hilo azul o un retal grande de tela azul.

Crea un estanque colocando un retal de tela azul, en forma de círculo y colócalo en el suelo. Proponles un juego de pesca utilizando el pez programado, según la competencia que se esté trabajando. Pon un clip en cada pez y después coloca el pez en el estanque. El niño atraerá todos los peces en su caña de pescar (el imán atrae el clip). Después, trabaja en pequeños grupos para emparejar el pez de alguna de las formas indicadas más abajo. Prueba estas dos variantes de pesca para aumentar el interés de los alumnos y alumnas:

- Usa una pequeña piscina (inflable) como estanque.
- Construye una caseta de pesca. Busca un cajón grande (p. ej., el embalaje de algún electrodoméstico). Recorta una portezuela trasera por la que las alumnas puedan entrar en la caseta. Recorta una ventana en la parte frontal del cajón. Coloca la piscina con el pez dentro y deposítala fuera de la caseta. Pon una silla o taburete dentro de la caseta, así los niños podrán sentarse en la silla, dentro de la caseta, mientras pescan.

Diles que pesquen para emparejar:

Palabras de colores: Empareja el pez con la palabra de color que se corresponda con él.

Colores: Asigna a cada niño un pez de color diferente para que lo busque.

Palabras compuestas: Escribe una palabra en cada pez. Los niños emparejan dos palabras que puedan ponerse juntas para formar una palabra compuesta.

Recuento y número: Escribe números en unos peces y puntos en otros para que emparejen cada pez con puntos con el pez que lleva el número correspondiente.

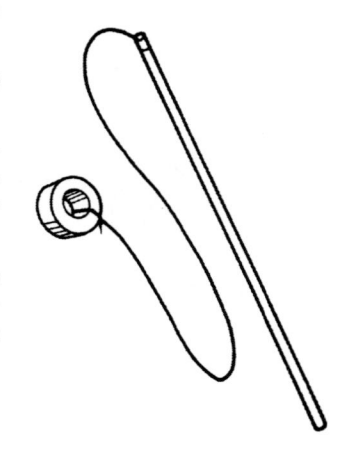

Instrucciones para hacer una caña de pescar

Materiales: Varita de 1,25 cm. de diámetro y 46 cm. de longitud. Un imán. Cuerda. Grapadora.

Grapa un trozo de cuerda de unos 60 cm. de larga a uno de los extremos de la varita. Ata al extremo libre de la cuerda un imán redondo con agujero en el centro.

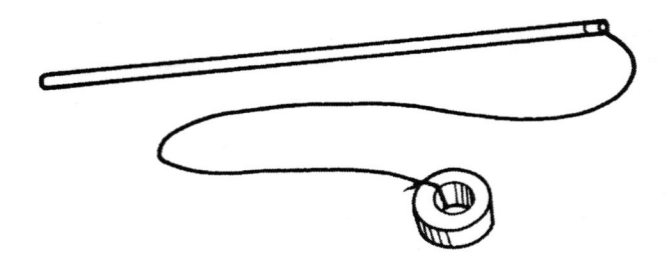

Instrucciones para hacer un pez de papel

Materiales: Papel charol. Clip.

Reproduce la figura de un pez en papel charol. Recorta y plastifica cada pez. Etiqueta cada pez (con un rotulador indeleble) según la competencia que se quiera practicar. Pon un clip cerca de la boca del pez.

Calcetines que saben borrar

Materiales: Tiza. Calcetines (2 por niño o niña). Alfombra cuadrada (1 por niño o niña).

Dibuja con tiza varias figuras grandes en la alfombra. Con los niños más pequeños, dibuja siluetas, letras y números. Con los mayorcitos, puedes escribir palabras o expresiones numéricas en la alfombra.

Diles que se quiten los zapatos. El que haga esta actividad puede utilizar sus propios calcetines; no obstante, puedes facilitarle unos "calcetines para tiza" que se ponga encima de los suyos, con el fin de que no ensucie estos.

Haz que el alumno o alumna borre la figura de tiza de la alfombra cuadrada con los calcetines. El niño se mueve alrededor de la figura para borrar toda la tiza. Cuando adquiera más destreza en esta actividad, pídele que se quede en el mismo sitio mientras borra la figura.

Si vas a hacer que se quede en un mismo sitio, asegúrate de dibujar una figura del tamaño adecuado para que alcance a llegar a la figura sin moverse del sitio.

Juego dramático

Materiales: Varían según el tema.

Delimita una zona del aula para dedicarla al juego dramático. El juego dramático es muy importante para los niños pequeños. Promueve diversas destrezas mientras les produce un placer inmenso e incontables horas de imaginación. Al variar los objetos en la zona de juego dramático, los alumnos y alumnas pueden moverse de muy distintas maneras, utilizando tanto las destrezas motoras gruesas como las finas con el fin de utilizar los objetos.

Es importante cambiar la zona de juego dramático cuando parezca que los niños pierden interés por los materiales. Los niños no jugarán adecuadamente en la zona si ya no les estimula. Al añadir nuevos elementos a la zona, el interés se renueva.

Cajas temáticas

Con el tiempo, una maestra o un maestro puede reunir accesorios para hacer cajas temáticas y utilizar en la zona de juego dramático. Usa tu imaginación y crea tus propias cajas temáticas para utilizarlas tanto en interiores como al aire libre. ¡Empieza simplemente guardándolo todo! Nunca sabes cuándo te hará falta. He aquí unas cuantas ideas para las cajas temáticas:

- **Oficinistas:** blocs de notas, máquina de escribir, portalápices, bolígrafos y lápices, sellos (sirven muy bien los sellos de clubs musicales y de libros, que lleguen por correo), grapadora, cinta adhesiva, sobres, taladros, teclados y ordenadores viejos y fotos de oficinistas.

- **Floristería:** revistas de flores y jardines, pequeñas herramientas de jardín, gorras, guantes, delantales de jardín, flores de plástico y de papel de seda, floreros, cestas, caja registradora, dinero de juguete y fotos de flores.

- **Fiesta en la playa:** toallas de playa, gafas de sol, frascos vacíos de loción protectora para el sol, radio portátil, pez de plástico, red para pescar, caña de pescar, flotadores, sombrillas, balones de playa, cesta para la merienda, mantel, comida de plástico y fotos de la playa y del océano.

- **Consultorio veterinario:** pequeños animales de peluche, rollos de vendas, cinta adhesiva, bolas de algodón, fonendoscopio, mascarillas desechables, lupas, peine y cepillo para animales de compañía, termómetro, jaulas de viaje, jaulas antiguas y fotos de animales.
- **Tienda de belleza:** batas, rulos, secadores de mano (con los cordones cortados) toallas, rizadores de pelo (con los cordones cortados), horquillas, pinzas para el pelo, botes vacíos de aerosoles, botellas vacías de champú; espejos, cintas, lazos, un teléfono y fotos de peinados.
- **Tienda de deportes:** mochilas, calcetines gruesos, cascos, gorras de béisbol, guantes, calzados, diversos tipos de pelotas y balones, cintas para el pelo, raquetas de tenis, gafas, gorros de esquí, aletas de buceo, *snorkels*, y fotos de atletas.
- **Camping:** bichos de plástico, leña, botellas de agua, almohadas, matamoscas, tienda de campaña pequeña, sartén, espátula, gafas de sol, pequeño refrigerador, linterna, parrilla, platos de papel, utensilios, sacos de dormir, binoculares, cañas de pescar, cafetera, comida de plástico y fotos de escenas al aire libre.

También puedes hacer otras cajas temáticas: panadería, gasolinera, taller de reparaciones, ferretería, tienda de alimentación, restaurante de comida rápida, consultorio de medicina o enfermería, comisaría de policía, parque de bomberos, oficina de correos, consultorio odontológico, pizzería y heladería.

También pueden utilizarse cajas temáticas para jugar al aire libre. Reúne cajas para exteriores como estas:

Tuberías: tubos y codos de PVC que pueden utilizarse en zonas de arena y agua.

Aros: *hula hoops* de plástico para saltar, hacerlos rodar, pasar a su través, etc.

Pintura: materiales de pintura (cubetas, delantales, varios pinceles de diversos tamaños, agua, pintura, tiza, detergente y papel).

Rociar: diversos envases para rociar.

Cavar: cubos, palas, vasijas y cacerolas.

Transporte: coches, trenes y camiones.

Jardinería: materiales de jardinería al aire libre (regaderas, pequeñas mangueras, pequeños rastrillos, herramientas de jardinería de tamaño infantil, guantes, rodilleras y gorras).

Ciudad: bloques grandes y pequeños, coches y camiones de juguete y animales y personas de plástico.

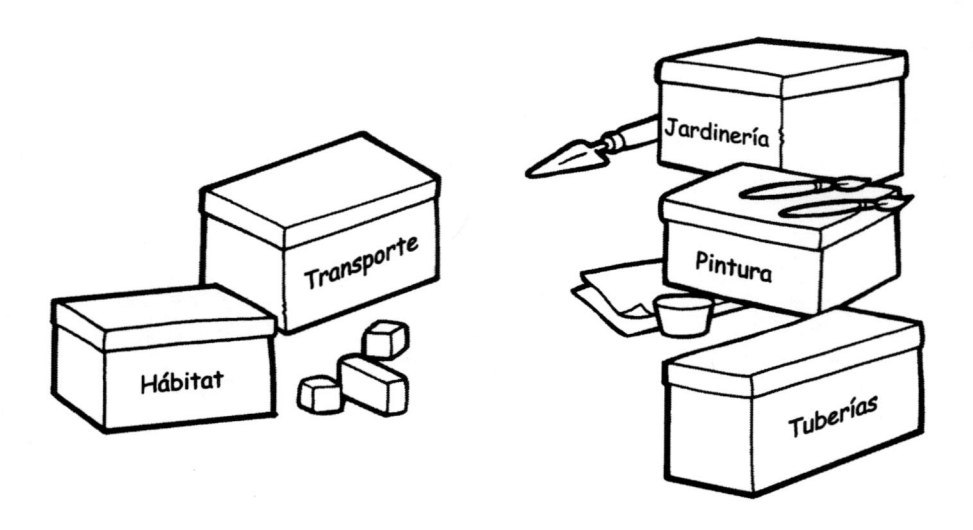

Música

La música desempeña un papel importante en la vida de los niños pequeños. Se acuna a los bebés para que duerman con nanas. El movimiento constante de la niña o el niño que ya gatea va a menudo acompañado por canciones y variaciones de creación propia. Los preescolares disfrutan creando sus propios instrumentos sonoros y se quedan fascinados ante los sonidos que hacen.

La música abarca cantar, moverse, escuchar, tocar instrumentos y crear música. Las canciones fomentan el desarrollo del lenguaje, las destrezas sociales, el ritmo, la coordinación, las competencias de escucha; se utilizan como forma de canalizar los sentimientos y las ideas.

La música mejora la discriminación auditiva, la calidad de la voz, la memoria y las competencias de secuenciación, e incrementa el vocabulario, al tiempo que permite al niño ser aprendiz activo; puede utilizarse para enseñar muchos conceptos y destrezas, abarcando la matemática, la fonética, los colores, las formas, las sensaciones, y los conceptos del lenguaje como: "deprisa" y "despacio", "alto" y "bajo", "fuerte" y "suave" (volumen) y otros. La música les ayuda también a interpretar y entender las señales y las claves que oyen.

Los investigadores están descubriendo que la música puede reforzar la potencia cerebral de los niños. Han descubierto que, cuando los niños pequeños cantan, tocan instrumentos y escuchan música clásica u otras músicas complejas, obtienen puntuaciones más elevadas en tests de inteligencia espacial y temporal y se incrementa su capacidad de razonamiento matemático. La música clásica ayuda a desarrollar el habla, las habilidades de movimiento y las competencias de pensamiento del hemisferio no dominante.

"El efecto Mozart para niños"

El Dr. Alfred Tomatis, un médico francés, cree que la música de Mozart prepara la mente y el cuerpo para el aprendizaje, la creatividad y el descanso. Afirma que ya en el útero (después del quinto mes), los bebés son conscientes de las altas frecuencias sonoras. Ciertas melodías (frecuencias) ayudan a estimular los centros del lenguaje del cerebro y la música de Mozart da los sonidos más sanos.

La música de Mozart es sencilla, clara, organizada, eficiente, no abiertamente emocional y fácil de escuchar mientras la persona se relaja y se inspira.

El Dr. Tomatis recomienda poner en clase Mozart como música de fondo, enfatizando que nunca se ponga la música demasiado alta y no más de 25 minutos seguidos (un tiempo mayor reduce la eficacia de la música).

Instrumentos musicales

A continuación, aparece una lista de instrumentos y materiales productores de sonido, así como las instrucciones para hacerlos. Merece la pena tenerlos todos ellos en un aula de educación infantil.

- Discos de vinilo, cintas y discos compactos
- Tocadiscos, magnetófonos o reproductores de CD's o discos compactos
- Cancioneros
- Tarjetas de canciones
- Juegos de acompañamiento con los dedos
- Canciones
- Instrumentos: palos de ritmo, agitadores y panderetas caseras; maracas, mirlitones y tambores, y flautas de tarareo

Instrucciones para hacer un palo de ritmo

Materiales: Bolsa de papel. Cinta adhesiva.

Enrolla la bolsa haciendo un cilindro rígido. Asegúrala con cinta adhesiva. Utiliza el palo para aporrear bloques de cartulina o muebles y para hacer sonidos de tamborileo.

Instrucciones para hacer un agitador

Materiales: Arroz o alubias sin cocinar. 2 vasos de papel (o 2 platos grandes o pequeños o una bolsa de bocadillo).

- Cinta adhesiva o grapadora

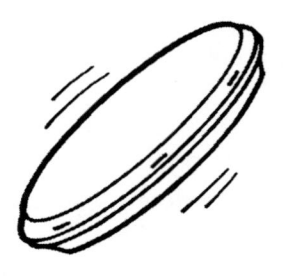

Introduce granos de arroz o alubias en dos vasos o platos bien pegados entre sí por los bordes (o dentro de una bolsa de bocadillo cerrada con cinta adhesiva). Agita el instrumento. Los recipientes cilíndricos de patatas fritas y los recipientes de yogur con tapa de plástico también sirven.

Instrucciones para hacer una pandereta casera

Materiales: 2 platos de papel o bandejas de hoja de aluminio. Lápices de cera. Alubias o garbanzos. Cinta adhesiva o pegamento.

Adorna los platos (o bandejas de aluminio) con los lápices de cera. Deposita un puñado de alubias o garbanzos en el plato. Pon boca abajo el otro plato encima del primero y pégalos de manera que no se caigan las alubias o garbanzos. Agítala y golpéala para hacer música.

Instrucciones para hacer una maraca

Materiales: Lata pequeña de zumo o tubo de cartón. Hoja de aluminio doméstico o papel charol. Macarrones (secos). Anillo de goma. Cintas o papel crepé (opcionales).

Tapa un extremo de la lata con aluminio o papel. Asegúralo con un anillo de goma. Llena el tubo con macarrones. Tapa la boca como antes. Si te parece, adórnala con cintas o serpentinas de papel crepé.

Instrucciones para hacer un mirlitón

Materiales: Peine. Papel encerado o papel de seda.

Dobla el papel sobre el peine. Pon los labios sobre la doblez y tararea una canción, moviendo el peine de lado a lado. Tira el papel después de cada uso y lava el peine en agua caliente y jabón desinfectante.

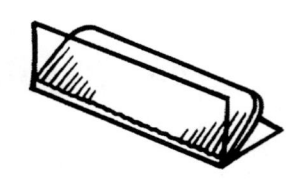

Instrucciones para hacer un tambor

Materiales: Lata o envase vacío de cacao u otro producto para desayunos, que tenga la tapa de plástico. Cinta adhesiva de pintor. Lápices sin afilar con gomas de borrar o palillos. Papel. Lápices de cera. Pegamento. Brillantina. Hilo o cuerda.

© narcea, s.a. de ediciones

Pega la tapa a la lata. Adorna el papel con lápices de cera, pegamento y brillantina para cubrir la lata. Pégalo con cinta adhesiva o hilo. Corta una hebra de hilo de la longitud necesaria para que el tambor cuelgue cómodamente del cuello de la niña o el niño. Utiliza palillos o lápices sin afilar como baquetas.

Nota de seguridad: No permitas que los niños jueguen con estas cosas cuando estén solos. Las cuerdas alrededor del cuello pueden ser peligrosas si no se les presta atención.

Instrucciones para hacer una flauta de tarareo

Materiales: Canuto de papel de cocina o de papel higiénico. Papel de seda. Cinta adhesiva o anillos de goma. Lápiz.

Utilizar el lápiz para hacer tres o cuatro agujeros en el canuto. Tapa un extremo del canuto con un trozo de papel de seda y asegurarlo con cinta adhesiva o un anillo de goma. Tararear una canción en el extremo abierto y poner los dedos en los agujeros.

7. Juegos con obstáculos y relevos

Esta parte del libro ofrece ideas para combinar competencias motoras con el fin de participar en juegos, crear carreras de obstáculos y hacer carreras de relevos. Estos tipos de actividades ofrecen una oportunidad excelente para crecer y aprender.

La deportividad, la imparcialidad, el respeto del turno y una serie de valores personales y sociales pueden enseñarse mediante los juegos, las carreras de obstáculos y las carreras de relevos.

Como directora o director de estos juegos, tienes la oportunidad de ofrecer guía y supervisión para cuidar de que todos los niños y niñas estén incluidos y aprovechen al máximo sus experiencias y aprendan las siguientes destrezas:

- Estimular la cooperación
- Mejorar las competencias de decisión en situaciones que requieran un pensamiento rápido
- Respetar los turnos y ser pacientes
- Aceptar y seguir reglas
- Aceptar el ganar y el perder con elegancia
- Disfrutar de una buena forma física

Las páginas de juegos pueden fotocopiarse en papel grueso o cartulina y plastificarse. Estas pueden almacenarse en un archivador para que se pueda acceder a ellas con facilidad. Siempre que necesites un juego, tú o tus alumnas o alumnos podéis acudir al archivador en busca de ideas. Estas tarjetas de juegos pueden utilizarse año tras año.

Muchas actividades mencionadas en otras secciones del libro pueden modificarse para crear un juego, carrera de obstáculos o de relevos. Sé creativo para modificar actividades que les gusten a tus alumnas y alumnos para crear un juego, carreras de obstáculos o carreras de relevos.

Carreras de obstáculos

Materiales: Varían según los objetos que se tengan a mano y el lugar de la pista de la carrera (obstáculos naturales, neumáticos, cuerdas de saltar, cajas, etc.).

Crea tu propia pista de obstáculos con los objetos que tengas a mano. Los obstáculos pueden ser tan fáciles o tan complicados como quieras hacerlos. Si utilizas un patio de recreo, emplea los equipamientos del mismo, como columpios, túneles y las escalas horizontales.

Los obstáculos también pueden crearse. Por ejemplo, una comba puede atarse a baja altura entre dos árboles, como si fuera una valla, o utilizarse para saltar cierto número de veces. Emplea tu imaginación y creatividad al hacer la pista. Antes de empezar, enseñar la pista a los niños caminando por ella varias veces para que sepan lo que tienen que hacer ante cada elemento.

Hay muchas formas de participar en las carreras de obstáculos. Se pueden probar algunas de estas sugerencias:

- Cada alumna puede atravesar la pista de obstáculos para divertirse. No se controla el tiempo. Simplemente, practica la actividad.

- La alumna puede atravesar la pista de obstáculos en solitario. Controla el tiempo que tarda. Gana el alumno o alumna que obtenga el mejor tiempo.

- Cada equipo puede atravesar como tal equipo la pista de obstáculos. El equipo no puede pasar de una actividad a otra hasta que todos sus integrantes hayan finalizado la misma actividad. Cronometradas las actuaciones de todos los equipos, ganará el que haya hecho el mejor tiempo.

- Distribuyelos por la pista de obstáculos. Cada alumno hace la actividad correspondiente a su puesto hasta que suene un silbato. Entonces, se pasa a la actividad siguiente.

Crea tu propia pista de obstáculos

Crear una pista de obstáculos es fácil y divertido. Solo tienes que preparar entre 5 y 8 actividades, y secuenciarlas. A continuación, presentamos algunas sugerencias sencillas para que hagas tu propia pista de obstáculos; de todos modos, para la pista de obstáculos sirven casi todas las actividades que aparecen en este libro.

- Andar hacia adelante
- Andar hacia atrás
- Andar haciendo la carretilla
- Imitar a los animales
- Aplaudir
- Batear un objeto (balón, globo, bolsa de bolitas, etc.)
- Botar sobre una pelota
- Botar una pelota
- Correr
- Chutar
- Dar un paso y saltar
- Darse media vuelta rápidamente
- Deslizarse
- Galopar
- Hacer pompas
- Hacer rodar una pelota
- Pintar un dibujo
- Hacer un rompecabezas
- Jugar al "tejo"
- Lanzar un objeto (pelota, globo, bolsa de bolitas)
- Tirar una bolsa de bolitas a una diana
- Llevar un objeto sobre una cuchara
- Montar en triciclo
- Mover un objeto de un sitio a otro
- Ponerse una prenda de ropa
- Colocar una bolsa de bolitas entre las rodillas y saltar
- Reptar bajo un objeto y reptar sobre un objeto
- Rodar
- Saltar a la comba
- Saltar alrededor de un objeto
- Saltar con un pie, cayendo sobre el otro
- Saltar dando una palmada
- Soplar sobre un objeto con una pajita de bebida
- Utilizar una escoba para barrer una pelota alrededor de conos
- Volar como un avión

Pista de obstáculos para pelotas

Materiales: Pelotas de goma (2 de colores diferentes que quepan en latas cilíndricas de conservas). Tablas y ladrillos para hacer rampas. Cajas de cartón piedra y otros objetos para crear obstáculos. Latas cilíndricas de conservas (3 ó más, abiertas por ambos extremos y pegadas entre sí para formar túneles). Tiza, cinta adhesiva de pintor o guijarros. Tijeras.

Determinar las líneas de salida y de meta y márcalas con tiza, cinta adhesiva o guijarros. Como grupo, trabajad juntos para crear la pista de obstáculos, incluyendo rampas, túneles, recortes de cartón, sillas, etc., a través de los cuales los jugadores tendrán que hacer pasar las pelotas dándolas golpecitos. Dividir a los jugadores en equipos, no menores de dos y no mayores de seis.

Explícales las reglas de la carrera y escoge a una persona que haga de árbitro. A la señal del árbitro, el primer jugador de cada equipo da un golpe a la pelota, con el fin de enviarla lo más lejos posible, siguiendo la pista. El jugador sigue su pelota, golpeándola y asegurándose de que se mantenga lo más cerca posible de la ruta. Ningún miembro de los equipos puede golpear la pelota más de dos veces seguidas. El jugador de los equipos no puede golpear la pelota del equipo contrario sacándola de la pista. El primer equipo que atraviese la línea de meta gana el juego.

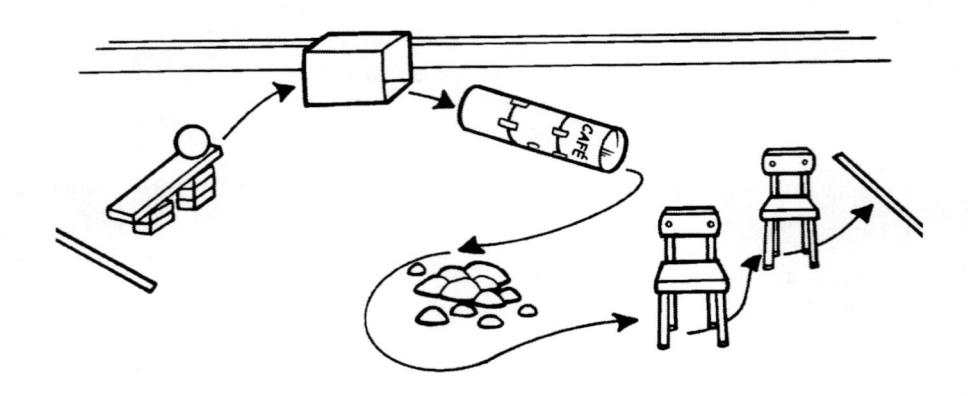

Carrera de obstáculos de la amistad

Materiales: Cuerda de 60 cm. (1 por equipo). Pelota de goma (1 por equipo). Piscina infantil hinchable. Barco de juguete (1 por equipo). Balancín o cinta adhesiva de pintor. Triciclo (1 por equipo). Saco de arpillera (1 por equipo).

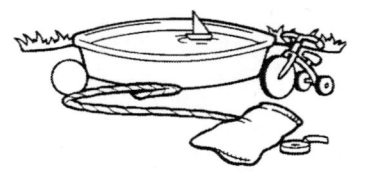

Para organizar la "carrera de obstáculos de la amistad", dividir la clase por parejas. Cada pareja debe participar junta en la carrera de obstáculos.

A continuación, se mencionan las actividades. Ordenarlas. A lo largo de la pista, deben estar situadas varias personas adultas que actúen como monitores.

❖ **Actividad 1: Carrera con tres piernas**

Los integrantes de cada pareja unen sus cuerpos echándose el brazo por el hombro del otro y atando la pierna derecha de uno con la pierna izquierda del otro; tienen que correr alrededor de 3 conos.

❖ **Actividad 2: Balones en alto**

El equipo lanza balones al aire 20 veces y las van contando.

❖ **Actividad 3: Carrera de barcos**

El equipo sopla sobre unos barquitos a través de una piscina hinchable.

❖ **Actividad 4: Paseo loco**

El equipo camina sobre un balancín, o siguiendo una línea de cinta adhesiva pegada en el suelo, hacia adelante y ¡hacia atrás!

❖ **Actividad 5: Triciclos**

El equipo monta en triciclos con una rueda grande, siguiendo una pista circular o longitudinal.

❖ **Actividad 6: Carrera de sacos**

La pareja se mete en el mismo saco y avanza saltando lo más rápido posible hasta la línea de meta. La superficie sobre la que salten debe ser lisa.

Nota de seguridad: En cualquier actividad acuática debe estar presente un adulto. Un niño puede ahogarse incluso con una profundidad de agua de 2,5 cm., por lo que deben tomarse las máximas precauciones para que la experiencia sea segura y agradable.

Actividad 6: Carrera de sacos

Actividad 1: Carrera con tres piernas

Actividad 5: Triciclos

Actividad 2: Balones en alto

Actividad 4: Paseo loco

Actividad 3: Carrera de barcos

Obstáculos temáticos

Materiales: 2 bancos. 2 pelotas de goma o balones de playa. 4 conos. 2 esterillas. 4 *hula hoops*. 3 sombrillas.

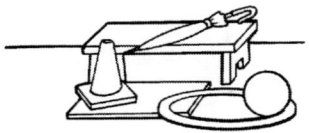

Piensa en la posibilidad de montar una pista de obstáculos relacionada con un tema que estéis estudiando. La pista de obstáculos que comentamos a continuación se ha creado en torno a un tema sobre el tiempo meteorológico.

Obstáculos del tiempo

Monta la pista de obstáculos en el gimnasio o en el patio de recreo. Distribuye a los niños por la pista. Pueden empezar en cualquier parte, pero tienen que terminar todas las actividades.

Actividad 1: Remar y atravesar

Siéntate en un banco. Muévete hasta el extremo, arrastrándote por el banco.

Actividad 2: ¡No te quemes!

Gatea bajo las sombrillas.

Actividad 3: Lanzar el granizo

Lanza la pelota al aire y atrápala de nuevo 10 veces.

Actividad 4: Navegar entre islas en un huracán

Corre alrededor de los conos, zigzagueando.

Actividad 5: Patinar sobre hielo

Túmbate boca abajo en el banco. Muévete hasta el final, arrastrándote por el banco.

Actividad 6: Rodar colina abajo por la nieve

Échate a rodar por una esterilla.

Actividad 7: Ángeles de nieve

Túmbate de espaldas sobre la esterilla. Mueve brazos y piernas.

Actividad 8: Saltar los charcos

Salta los aros.

Actividad 1: Remar y atravesar

Actividad 3: Lanzar el granizo

Actividad 8: Saltar los charcos

Actividad 2: ¡No te quemes!

Actividad 4: Navegar entre islas en un huracán

Actividad 7: Ángeles de nieve

Actividad 5: Patinar sobre hielo

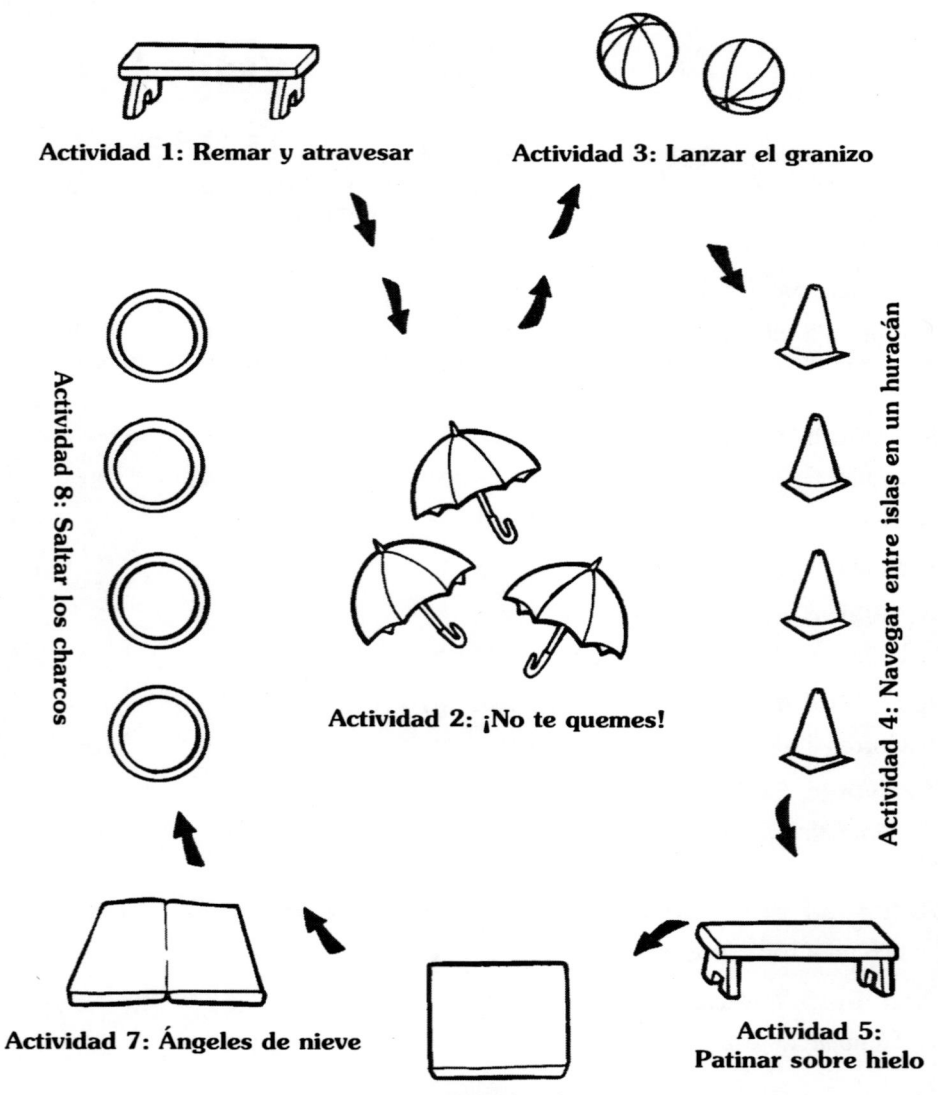

Actividad 6: Rodar colina abajo por la nieve

Relevos con globos y palillos chinos

Materiales: 2 globos. 4 juegos de palillos chinos. 2 conos.

Divide a los jugadores en dos equipos y alínea a cada equipo en una fila. Coloca un cono frente a cada fila. Entrega juegos de palillos a las dos primeras personas de cada equipo. El primer jugador de cada equipo sostiene un globo entre sus palillos.

A la señal de salida, el primer jugador anda alrededor del cono y regresa para pasar el globo al segundo jugador, utilizando solo los palillos. El primer jugador entrega entonces los palillos al tercero mientras el segundo sale para dar una vuelta alrededor del cono. Si el globo se cae, solo se puede recoger utilizando los palillos.

El juego continúa hasta que todos los jugadores hayan tenido ocasión de dar una vuelta alrededor del cono.

El primer equipo que consiga que todos sus jugadores vuelvan a la fila es el ganador.

Relevos de orugas

Materiales: 8-10 conos.

Dividir la clase en dos equipos. Pedir a las niñas y a los niños de cada equipo que se pongan uno detrás de otro. Cada niña o niño tiene que poner las manos en los hombros de la persona que tenga delante. A la señal de salida, los niños se mueven lo más rápido posible (manteniendo la "oruga"), zigzagueando alrededor de los conos situados en la pista.

Para completar la carrera, los equipos deben rodear el cono que esté en el lado opuesto al punto de partida y retroceder hasta la línea de salida. Ganará el primer equipo que regrese.

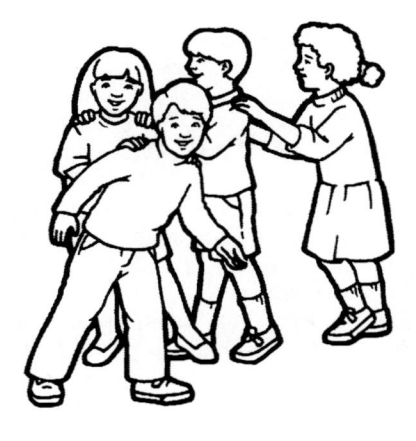

Relevos con patatas

Materiales: Patata pequeña (1 por niña o niño). Cucharas de plástico.

Divide a los jugadores en dos equipos iguales. Haz que cada equipo forme detrás de la línea de salida. Coloca un montón de patatas, una por cada jugador, en una línea situada en el lado opuesto al de la línea de salida. Entrega al primer corredor de cada equipo una cuchara de plástico. A la señal de salida, los jugadores que llevan las cucharas tienen que correr hasta el montón de patatas y conseguir llevar una con la cuchara. El jugador debe mantener el equilibrio de la patata sobre la cuchara y regresar a la línea de salida. Los jugadores no pueden usar los dedos para sujetar ni para transportar la patata. Después de soltar la patata, el jugador pasa su cuchara al siguiente jugador de su equipo.

Este continúa hasta que uno de los equipos traslada todas sus patatas hasta la línea de salida y es declarado ganador.

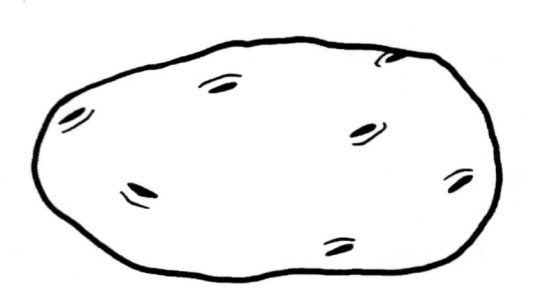

Relevos con maleta

Materiales: Una maleta o bolsa de la compra (1 por equipo). Ropa (pijamas, camisas, calcetines viejos, etc.).

Antes de jugar, llena cada maleta o bolsa con un número igual de prendas de ropa (2 ó 3). Es importante que las prendas sean también similares. Asegurarse de que las prendas sean suficientemente grandes para que puedan ponerse sobre la ropa de cada jugadora o jugador. Forma dos o más equipos de igual tamaño. Divide los equipos por mitades y haz que un grupo de cada equipo se alinee en la línea de salida, mientras el otro lo hace en la de meta, a una distancia de entre 20 y 30 m. Para empezar, haz que el primer jugador o jugadora de cada equipo abra la maleta y se ponga todas las prendas que haya en su interior. Después, lleva la maleta vacía al otro lado y se quita la ropa, que el otro jugador o jugadora que está esperando guarda en la maleta. A continuación, el jugador o jugadora que esperaba toma la maleta y corre hacia la línea de salida. El juego continúa hasta que cada jugador haya tenido ocasión de ser la persona que se pone la ropa y la que la guarda en la maleta.

El primer equipo cuyos jugadores terminen ambas tareas es el ganador.

El relevo del tren

Materiales: Ninguno.

Divide a los jugadores y jugadoras en dos filas y haz que cada uno escoja a un compañero o compañera de su fila. Cuando la pareja se mueva en este relevo, lo hará junta, como dos "coches" de un tren. Un niño va detrás del otro, que lo agarra por las caderas. Después, la pareja avanza arrastrando los pies, sin levantarlos. A la señal de salida, la primera pareja de cada equipo va al punto de retorno señalado, a unos 7 metros y medio, cambia de posición y vuelve a la línea de salida, donde toca a la pareja siguiente que hace lo mismo. El primer equipo cuyas parejas completen la actividad es el ganador.

Ventisca

Materiales: Pelota de *ping-pong*. Hojas de periódico.

Divide a las niñas y los niños en dos equipos de dos o tres. Marca el área de juego (mesa) con una línea de gol en cada extremo. Cada jugador tiene que hacer un abanico con una hoja de periódico. Pon la pelota de *ping-pong* en el centro del área de juego. Cada equipo trata de empujar la pelota, abanicándola, hacia el gol del otro equipo, sin que el abanico toque la pelota. Si un equipo consigue que la pelota atraviese la línea de gol de su oponente, suma un punto. El juego continúa durante un período de tiempo determinado de antemano o al alcanzar cierto número de puntos.

¡Choca esos cinco!

Materiales: Ninguno.

Asigna en secreto un número del 1 al 10 a cada alumna y alumno. Asegúrate de que cada niño tenga un corresponsal en el gran grupo; explicale que tiene que buscar a su corresponsal sin hablar. El juego empieza haciendo que los alumnos se repartan al azar por la zona de juego. Cada niño se dirige a otro compañero. Ambos se dan las manos para saludarse, sacudiéndolas. Un alumno sacude la mano de su compañera el número de veces que coincida con el número que le hayan asignado. Si el otro alumno no responde con el mismo número de sacudidas (porque tenga asignado un número diferente), el niño continúa estrechando manos de otros compañeros hasta que encuentre a un o una corresponsal que tenga asignado el mismo número. Cuando los corresponsales se encuentren, se dan el brazo y siguen paseando por la zona de juego hasta que todos los alumnos y alumnas hayan encontrado a sus corresponsales.